中华经典一千句

方太文化研究院　编著

首都师范大学出版社
CAPITAL NORMAL UNIVERSITY PRESS

图书在版编目（CIP）数据

中华经典一千句. 上册/方太文化研究院编. —北京：首都师范大学出版社，2022.8

ISBN 978 - 7 - 5656 - 7110 - 4

Ⅰ. ①中… Ⅱ. ①方… Ⅲ. ①中华文化—通俗读物 Ⅳ. ①K203 - 49

中国版本图书馆 CIP 数据核字（2022）第 131868 号

中华经典一千句. 上册

方太文化研究院　编

责任编辑　连景岩

首都师范大学出版社出版发行

地　址　北京西三环北路 105 号

邮　编　100048

电　话　68418523（总编室）68982468（发行部）

网　址　http://cnupn.cnu.edu.cn

印　刷　天津雅泽印刷有限公司

经　销　全国新华书店

版　次　2022 年 8 月第 1 版

印　次　2022 年 8 月第 1 次印刷

开　本　190 × 285　1/16

印　张　12.5

字　数　190 千

定　价　48.00 元

出版说明

中华文化在上下五千年的历史长河和民族演进中，不断更新、兼容并包，蕴含了中华民族的精神内核，是支撑一代代华夏儿女在历史洪流中开拓创新、激流勇进的力量源泉。党的十九大报告指出“文化是一个国家、一个民族的灵魂。文化兴国运兴，文化强民族强。没有高度的文化自信，没有文化的繁荣兴盛，就没有中华民族伟大复兴”。党的十九届六中全会精神也谈到，文化自信是更基础、更广泛、更深厚的自信，是一个国家、一个民族发展中最基本、最深沉、最持久的力量，社会主义先进文化、革命文化、中华优秀传统文化要在国家文化建设中起到培根铸魂的重要作用。

多年以来，各行各业有识之士在“如何做好中华优秀文化的传承发展”上做着积极的探索。如今编辑出版《中华经典一千句》诵读本，是方太文化研究院①（以下简称太文院）在研究方太中西合璧企业经营管理实践的过程中，在中华优秀文化传承发展上的一次探索。

2008 年，方太以高度的文化自信导入中华优秀传统文化，并提出“中学明道、西学优术、中西合璧、以道御术”的指导思想，已初步形成“中国特色的企业文化”，成为把中华文化与现代管理相结合的典范。方太的多年经营管理实践表明，企业管理需要建立在两条腿走路的基础上：一条腿是制度；另一条腿是信仰（文化）。如果没有信仰（如对制度的敬畏感），制度的有效性就会大打折扣；如果没有制度，就不会有良好的秩序。中学之道和西学之术是可以融为一体的。道是心的呈现，是境界和格局，是企业的核心理念；术是经营管理的体系、流程、制度、方法、工具等。道对术起到“指引、判断、提升、孕育”的作用，这种关系可以描述为“以道御术”。企业家和企业全体员工对于中华文化的学习和践行则是“以道御术”的前提和基础。

2017 年，中共中央办公厅、国务院办公厅印发了《关于实施中华优秀传统文化传承发展工程的意见》（以下简称《意见》）。《意见》将“中华优秀传统文化

① 方太文化研究院下属于宁波杭州湾新区方太企业文化专修学校

要贯穿国民教育始终”作为重点任务，并重申将“坚持创造性转化、创新性发展”等思想作为中华文化传承发展工作的重要指导。方太在中国特色企业文化方面的成功探索与《意见》中所提到的“用中华优秀传统文化的精髓涵养企业精神，培育现代企业文化”不谋而合。《意见》也指出，传统文化在国民教育中的一个典型体现就是“实施中华经典诵读工程”。《中华经典一千句》便是响应国家号召，集萃了浩如烟海的中华经典中十分重要的一部分核心语句的诵读教材，供广大读者，特别是企业人及其家庭使用。

本书之所以把“企业人及其家庭”作为重点读者人群，有以下两点原因。

首先，企业人的工作环境、生活节奏、学习习惯和时间与在校生有很大差异，企业人的文化学习教材也需要有个性化的特点。在《意见》提到的“国民教育的五个阶段[①]”中，企业教育处于继续教育[②]阶段，是企业员工以及企业家终身学习的重要场景。相关数据显示，2019 年底我国已有市场主体 1.23 亿户[③]，2020 年就业劳动力超过 7.5 亿[④]。这些市场主体以及从业者在国家发展中发挥着十分重要的作用。《中华经典一千句》希望为这 7 亿多劳动者——包括劳动者背后的每一个家庭——提供学习中华经典的方便条件，降低学习门槛，用最少的句子，概要而系统地了解中华文化的核心思想。进而在这些跨越时空、经久不变的真理启发下改善劳动者生活质量、提升工作水平。全体劳动者文化素养的提升，定能够为我国企业的发展提供更强大的动力，同时也能够为国家整体发展带来更多可能。

其次，本书编者均为企业人，出版初衷也源自于企业管理实践。方太在长期的经营管理实践中总结出了简洁而又系统的中华文化学习方法“五个一”，即立一个志、读一本经、改一个过、行一次孝和日行一善。“五个一”不是方太的发明，而是中华优秀传统文化的现代转化版。“五个一”以“行为实践”为核心，抓住了文化学习的关键前提——知行合一。同时，方太也实践发现：文化即人生、文化即生活、文化即业务。在企业人的工作场景中，文化和业务是一不是二，文化是业务的发心、方式和奋斗精神，业务是文化的呈现和结果。企业员工持续践行“五个一”，能够帮助自己不断明了人生真理、觉悟生命智慧，获得物质与精神双丰收，事业与生命双成长[⑤]。“五个一”当中的读一本经是方太在导入中华优秀传统文化之初（2008 年）便开始在内部推行的。从那时起，方太员工

① 国民教育的五个阶段包括启蒙教育、基础教育、职业教育、高等教育、继续教育。
② 继续教育是面向学校教育之后所有社会成员特别是成人的教育活动，是终身学习体系的重要组成部分。
③ 本数据参考自新华社北京 2020 年 7 月 21 日发布的《在企业家座谈会上的讲话》。
④ 本数据参考自国家统计局官方网站（截至本书定稿，2020 年的数据）。
⑤ “物质与精神双丰收，事业与生命双成长”是方太对于员工“幸福成长”的定义。

上班之后的第一件事就是诵读经典15分钟。长期的经典诵读是五个一行为践行的保障，是中华文化学习的基础。

如前文所述，本书所集萃的语句均为中华经典当中十分核心的语句，具有代表性、广泛性、时代性和实用性。语句筛选的具体原则有以下三项：

1. 能够尽可能呈现所属经典的核心思想；

2. 语句背后义理具有跨越时代的普适性；

3. 能够在读者面对现实问题时给予启迪。

考虑到读者的学习习惯以及能普遍接受的学习强度，本书分为上下两册，每册所集萃的语句均为500多句。集萃范围主要集中在“经、史、子、集”。上册重点在“经、史”，下册重点在“子、集”。

参与本书编辑的人员有来自方太企业内部深耕文化教育多年的方太学校资深教师，还有提供了大量专业建议的文化领域专家顾问。语句筛选的过程采取了语句初选、工作坊审议、专家建议、复核、标音、校对等多重把关流程。语句字形、读音、标点主要参考中华书局出版的“中华经典藏书”系列、北京教育出版社出版的“中文经典诵读系列”等。排版印刷采用较大字号，方便读者认读，同时对所有文字都进行了注音，方便读者对于生僻字及古音进行了解，省去查阅字典的麻烦，也方便少年儿童读者阅读。

另外，本书没有提供语句的注释和译文，一方面是为了避免篇幅冗长；另一方面是本书更侧重于为读者进行经典的“诵读”提供参考，而不是“解读”。诵读重在对原文的接触和熟悉，只要多读，自有浸润，自有感发，正所谓“书读百遍，其义自见”。在方太员工的日常文化学习中，诵读和解读也是两个不同的过程。对于经典的解读是在熟悉原文的基础上去看文字背后的情境和含义，以此来感悟圣贤的发心。在经典学习中，感悟圣贤发心的重要性远大于了解文字表面意思，因为这是学习者反观自我，并在自己的具体情境中创造性地学以致用的前提。

“中西合璧”是中国企业经营管理的必由之路。方太“中西合璧企业文化”的管理实践已经证明，《意见》中所提及的“用中华优秀传统文化的精髓涵养企业精神，培育现代企业文化”是可行的，中华文化十分有利于企业实现“顾客得安心、员工得成长、社会得正气、经营可持续①”。基于这样的背景，方太在2018年立志“十年助力十万企业家迈向伟大企业”并发起成立了太文院，以方太中西合璧企业经营管理实践为蓝本，进行中华企业文化的研究和传播。太文院

① 这四项是方太认为“伟大企业”应该具备的四个特征

现已开办方太文化体验营、方太文化修炼营、方太文化践行营等学习产品。我们十分期待更多企业能够引入中华优秀文化来指导企业经营和员工生活，和方太一起探索伟大企业的成功之道，在做好企业的同时弘扬中华文化，助力中华民族伟大复兴。希望本书成为企业人及家人文化学习的重要读物。

本书由于篇幅有限，无法承载中华经典所有重要内容，所以难免有不到之处。因此我们十分愿意接收来自社会各界友好人士的批评指正。另外，我们也十分期待与更多企业家或相关人士开展合作交流，一起探索并传播中华企业文化，用中华文化精髓涵养企业精神。

再次感谢所有参与本书编写工作的方太内外部文化明师以及专家顾问，感谢首都师范大学出版社，让本书得以顺利出版发行。

最后，致敬奋斗在文化复兴伟大征途上的每一位志士仁人！

方太文化研究院

2022 年 6 月

目　录

儒家经典

佛家经典

道家经典

兵家经典

中医经典

史学经典

家训经典

儒家经典

dà xué

《大学》（节选）

dà xué zhī dào zài míng míng dé zài qīn mín zài zhǐ yú zhì shàn
1 大学之道，在明明德，在亲民，在止于至善。
zhī zhǐ ér hòu yǒu dìng dìng ér hòu néng jìng jìng ér hòu néng ān ān ér
知止而后有定，定而后能静，静而后能安，安而
hòu néng lǜ lǜ ér hòu néng dé wù yǒu běn mò shì yǒu zhōng shǐ zhī
后能虑，虑而后能得。物有本末，事有终始，知
suǒ xiān hòu zé jìn dào yǐ
所先后，则近道矣。

gǔ zhī yù míng míng dé yú tiān xià zhě xiān zhì qí guó yù zhì qí
2 古之欲明明德于天下者，先治其国；欲治其
guó zhě xiān qí qí jiā yù qí qí jiā zhě xiān xiū qí shēn yù xiū
国者，先齐其家；欲齐其家者，先修其身；欲修
qí shēn zhě xiān zhèng qí xīn yù zhèng qí xīn zhě xiān chéng qí yì yù
其身者，先正其心；欲正其心者，先诚其意；欲
chéng qí yì zhě xiān zhì qí zhī zhì zhī zài gé wù wù gé ér hòu zhī
诚其意者，先致其知；致知在格物。物格而后知
zhì zhī zhì ér hòu yì chéng yì chéng ér hòu xīn zhèng xīn zhèng ér hòu
至，知至而后意诚，意诚而后心正，心正而后
shēn xiū shēn xiū ér hòu jiā qí jiā qí ér hòu guó zhì guó zhì ér hòu
身修，身修而后家齐，家齐而后国治，国治而后
tiān xià píng
天下平。

zì tiān zǐ yǐ zhì yú shù rén yī shì jiē yǐ xiū shēn wéi běn qí
3 自天子以至于庶人，壹是皆以修身为本。其
běn luàn ér mò zhì zhě fǒu yǐ qí suǒ hòu zhě bó ér qí suǒ bó zhě
本乱，而末治者否矣。其所厚者薄，而其所薄者
hòu wèi zhī yǒu yě cǐ wèi zhī běn cǐ wèi zhī zhī zhì yě
厚，未之有也。此谓知本，此谓知之至也。

suǒ wèi chéng qí yì zhě wú zì qī yě rú wù è xiù rú hào
4 所谓诚其意者，毋自欺也。如恶恶臭，如好
hǎo sè cǐ zhī wèi zì qiè gù jūn zǐ bì shèn qí dú yě xiǎo rén xián
好色，此之谓自谦。故君子必慎其独也。小人闲
jū wéi bú shàn wú suǒ bú zhì jiàn jūn zǐ ér hòu yǎn rán yǎn qí bú
居为不善，无所不至；见君子而后厌然，掩其不
shàn ér zhù qí shàn rén zhī shì jǐ rú jiàn qí fèi gān rán zé hé yì
善而著其善。人之视己，如见其肺肝然，则何益
yǐ cǐ wèi chéng yú zhōng xíng yú wài gù jūn zǐ bì shèn qí dú yě
矣。此谓诚于中，形于外。故君子必慎其独也。

zēng zǐ yuē shí mù suǒ shì shí shǒu suǒ zhǐ qí yán hū
5 曾子曰：“十目所视，十手所指，其严乎！”
fù rùn wū dé rùn shēn xīn guǎng tǐ pán gù jūn zǐ bì chéng qí yì
富润屋，德润身，心广体胖。故君子必诚其意。

tāng zhī pán míng yuē gǒu rì xīn rì rì xīn yòu rì
6 汤之《盘铭》曰：“苟日新，日日新，又日
xīn kāng gào yuē zuò xīn mín shī yuē zhōu suī jiù
新。”《康诰》曰：“作新民。”《诗》曰：“周虽旧
bāng qí mìng wéi xīn shì gù jūn zǐ wú suǒ bú yòng qí jí
邦，其命惟新。”是故君子无所不用其极。

wéi rén jūn zhǐ yú rén wéi rén chén zhǐ yú jìng wéi rén zǐ
7 为人君，止于仁；为人臣，止于敬；为人子，
zhǐ yú xiào wéi rén fù zhǐ yú cí yǔ guó rén jiāo zhǐ yú xìn
止于孝；为人父，止于慈；与国人交，止于信。

suǒ wèi xiū shēn zài zhèng qí xīn zhě shēn yǒu suǒ fèn zhì zé bù dé
8 所谓修身在正其心者，身有所忿懥，则不得
qí zhèng yǒu suǒ kǒng jù zé bù dé qí zhèng yǒu suǒ hào yào zé bù
其正；有所恐惧，则不得其正；有所好乐，则不
dé qí zhèng yǒu suǒ yōu huàn zé bù dé qí zhèng xīn bú zài yān shì
得其正；有所忧患，则不得其正。心不在焉，视
ér bú jiàn tīng ér bù wén shí ér bù zhī qí wèi cǐ wèi xiū shēn zài
而不见，听而不闻，食而不知其味。此谓修身在
zhèng qí xīn
正其心。

suǒ wèi qí qí jiā zài xiū qí shēn zhě rén zhī qí suǒ qīn ài ér pì
9 所谓齐其家在修其身者，人之其所亲爱而辟
yān zhī qí suǒ jiàn wù ér pì yān zhī qí suǒ wèi jìng ér pì yān zhī
焉，之其所贱恶而辟焉，之其所畏敬而辟焉，之
qí suǒ āi jīn ér pì yān zhī qí suǒ ào duò ér pì yān gù hào ér zhī
其所哀矜而辟焉，之其所敖惰而辟焉。故好而知
qí è wù ér zhī qí měi zhě tiān xià xiǎn yǐ gù yàn yǒu zhī yuē
其恶，恶而知其美者，天下鲜矣！故谚有之曰：
rén mò zhī qí zǐ zhī è mò zhī qí miáo zhī shuò cǐ wèi shēn bù
“人莫知其子之恶，莫知其苗之硕。”此谓身不
xiū bù kě yǐ qí qí jiā
修，不可以齐其家。

suǒ wèi zhì guó bì xiān qí qí jiā zhě qí jiā bù kě jiāo ér néng
10 所谓治国必先齐其家者，其家不可教，而能
jiāo rén zhě wú zhī gù jūn zǐ bù chū jiā ér chéng jiào yú guó xiào
教人者，无之。故君子不出家而成教于国。孝
zhě suǒ yǐ shì jūn yě tì zhě suǒ yǐ shì zhǎng yě cí zhě suǒ
者，所以事君也；弟者，所以事长也；慈者，所
yǐ shǐ zhòng yě kāng gào yuē rú bǎo chì zǐ xīn chéng qiú
以使众也。《康诰》曰：“如保赤子。”心诚求
zhī suī bú zhòng bù yuǎn yǐ wèi yǒu xué yǎng zǐ ér hòu jià zhě yě
之，虽不中不远矣。未有学养子而后嫁者也。

yì jiā rén yì guó xīng rén yì jiā ràng yì guó xīng ràng yì
11 一家仁，一国兴仁；一家让，一国兴让；一
rén tān lì yì guó zuò luàn qí jī rú cǐ cǐ wèi yì yán fèn shì
人贪戾，一国作乱。其机如此。此谓一言偾事，
yì rén dìng guó yáo shùn shuài tiān xià yǐ rén ér mín cóng zhī jié zhòu
一人定国。尧舜帅天下以仁，而民从之；桀纣
shuài tiān xià yǐ bào ér mín cóng zhī qí suǒ lìng fǎn qí suǒ hào ér
帅天下以暴，而民从之。其所令反其所好，而
mín bù cóng shì gù jūn zǐ yǒu zhū jǐ ér hòu qiú zhū rén wú zhū jǐ
民不从。是故君子有诸己而后求诸人，无诸己
ér hòu fēi zhū rén suǒ cáng hū shēn bú shù ér néng yù zhū rén zhě wèi
而后非诸人。所藏乎身不恕，而能喻诸人者，未
zhī yǒu yě gù zhì guó zài qí qí jiā
之有也。故治国在齐其家。

suǒ wèi píng tiān xià zài zhì qí guó zhě shàng lǎo lǎo ér mín xīng xiào
12 所谓平天下在治其国者，上老老而民兴孝；
shàng zhǎng zhǎng ér mín xīng tì shàng xù gū ér mín bú bèi shì yǐ jūn zǐ
上长长而民兴弟；上恤孤而民不倍。是以君子
yǒu xié jǔ zhī dào yě suǒ wù yú shàng wú yǐ shǐ xià suǒ wù yú
有絜矩之道也。所恶于上，毋以使下；所恶于
xià wú yǐ shì shàng suǒ wù yú qián wú yǐ xiān hòu suǒ wù yú
下，毋以事上；所恶于前，毋以先后；所恶于
hòu wú yǐ cóng qián suǒ wù yú yòu wú yǐ jiāo yú zuǒ suǒ wù yú
后，毋以从前；所恶于右，毋以交于左；所恶于
zuǒ wú yǐ jiāo yú yòu cǐ zhī wèi xié jǔ zhī dào
左，毋以交于右。此之谓絜矩之道。

dào dé zhòng zé dé guó shī zhòng zé shī guó shì gù jūn zǐ
13 道得众，则得国；失众，则失国。是故君子
xiān shèn hū dé yǒu dé cǐ yǒu rén yǒu rén cǐ yǒu tǔ yǒu tǔ cǐ yǒu
先慎乎德。有德此有人，有人此有土，有土此有
cái yǒu cái cǐ yǒu yòng dé zhě běn yě cái zhě mò yě wài
财，有财此有用。德者，本也；财者，末也。外

běn nèi mò zhēng mín shī duó shì gù cái jù zé mín sàn cái sàn zé
本内末，争民施夺。是故财聚则民散，财散则
mín jù shì gù yán bèi ér chū zhě yì bèi ér rù huò bèi ér rù
民聚。是故言悖而出者，亦悖而入；货悖而入
zhě yì bèi ér chū
者，亦悖而出。

hào rén zhī suǒ wù wù rén zhī suǒ hào shì wèi fú rén zhī xìng
14 好人之所恶，恶人之所好，是谓拂人之性，
zāi bì dài fú shēn shì gù jūn zǐ yǒu dà dào bì zhōng xìn yǐ dé zhī
灾必逮夫身。是故君子有大道，必忠信以得之，
jiāo tài yǐ shī zhī
骄泰以失之。

shēng cái yǒu dà dào shēng zhī zhě zhòng shí zhī zhě guǎ wéi zhī
15 生财有大道：生之者众，食之者寡，为之
zhě jí yòng zhī zhě shū zé cái héng zú yǐ rén zhě yǐ cái fā shēn
者疾，用之者舒，则财恒足矣。仁者以财发身，
bù rén zhě yǐ shēn fā cái
不仁者以身发财。

zhǎng guó jiā ér wù cái yòng zhě bì zì xiǎo rén yǐ bǐ wéi shàn
16 长国家而务财用者，必自小人矣，彼为善
zhī xiǎo rén zhī shǐ wéi guó jiā zāi hài bìng zhì suī yǒu shàn zhě yì
之。小人之使为国家，灾害并至，虽有善者，亦
wú rú zhī hé yǐ cǐ wèi guó bù yǐ lì wéi lì yǐ yì wéi lì yě
无如之何矣。此谓国不以利为利，以义为利也。

lún yǔ

《论语》（节选）

zǐ yuē xué ér shí xí zhī bú yì yuè hū yǒu péng zì yuǎn
1 子曰：“学而时习之，不亦说乎？有朋自远
fāng lái bú yì lè hū rén bù zhī ér bú yùn bú yì jūn zǐ hū
方来，不亦乐乎？人不知而不愠，不亦君子乎？”

xué ér piān
——《学而篇》

yǒu zǐ yuē qí wéi rén yě xiào tì ér hào fàn shàng zhě xiǎn
2 有子曰：“其为人也孝弟，而好犯上者，鲜
yǐ bú hào fàn shàng ér hào zuò luàn zhě wèi zhī yǒu yě jūn zǐ wù
矣；不好犯上，而好作乱者，未之有也。君子务
běn běn lì ér dào shēng xiào tì yě zhě qí wéi rén zhī běn yú
本，本立而道生。孝弟也者，其为仁之本与？”

xué ér piān
——《学而篇》

zēng zǐ yuē wú rì sān xǐng wú shēn wèi rén móu ér bù zhōng
3 曾子曰：“吾日三省吾身——为人谋而不忠
hū yǔ péng yǒu jiāo ér bú xìn hū chuán bù xí hū
乎？与朋友交而不信乎？传不习乎？”

xué ér piān
——《学而篇》

zǐ yuē dì zǐ rù zé xiào chū zé tì jǐn ér xìn fàn ài
4 子曰：“弟子入则孝，出则弟，谨而信，泛爱

zhòng ér qīn rén xíng yǒu yú lì zé yǐ xué wén
众，而亲仁。行有余力，则以学文。”

xué ér piān
——《学而篇》

yǒu zǐ yuē lǐ zhī yòng hé wéi guì xiān wáng zhī dào sī wéi
5 有子曰：“礼之用，和为贵；先王之道，斯为
měi xiǎo dà yóu zhī yǒu suǒ bù xíng zhī hé ér hé bù yǐ lǐ jié
美。小大由之，有所不行，知和而和，不以礼节
zhī yì bù kě xíng yě
之，亦不可行也。”

xué ér piān
——《学而篇》

zǐ yuē bú huàn rén zhī bù jǐ zhī huàn bù zhī rén yě
6 子曰：“不患人之不己知，患不知人也。”

xué ér piān
——《学而篇》

zǐ yuē wéi zhèng yǐ dé pì rú běi chén jū qí suǒ ér zhòng
7 子曰：“为政以德，譬如北辰，居其所而众
xīng gǒng zhī
星共之。”

wéi zhèng piān
——《为政篇》

zǐ yuē dǎo zhī yǐ zhèng qí zhī yǐ xíng mín miǎn ér wú chǐ
8 子曰：“道之以政，齐之以刑，民免而无耻；
dǎo zhī yǐ dé qí zhī yǐ lǐ yǒu chǐ qiě gé
道之以德，齐之以礼，有耻且格。”

wéi zhèng piān
——《为政篇》

zǐ yuē wú shí yòu wǔ ér zhì yú xué sān shí ér lì sì
9 子曰：“吾十有五而志于学，三十而立，四
shí ér bú huò wǔ shí ér zhī tiān mìng liù shí ér ěr shùn qī shí ér
十而不惑，五十而知天命，六十而耳顺，七十而

cóng xīn suǒ yù bù yú jǔ
从心所欲，不逾矩。”

wéi zhèng piān
——《为政篇》

zǐ yuē shì qí suǒ yǐ guān qí suǒ yóu chá qí suǒ ān
10 子曰：“视其所以，观其所由，察其所安。

rén yān sōu zāi rén yān sōu zāi
人焉廋哉！人焉廋哉！”

wéi zhèng piān
——《为政篇》

zǐ yuē jūn zǐ bú qì
11 子曰：“君子不器。”

wéi zhèng piān
——《为政篇》

zǐ yuē jūn zǐ zhōu ér bù bǐ xiǎo rén bǐ ér bù zhōu
12 子曰：“君子周而不比，小人比而不周。”

wéi zhèng piān
——《为政篇》

zǐ zhāng xué gān lù zǐ yuē duō wén quē yí shèn yán qí yú
13 子张学干禄。子曰：“多闻阙疑，慎言其余，

zé guǎ yóu duō jiàn quē dài shèn xíng qí yú zé guǎ huǐ yán guǎ
则寡尤；多见阙殆，慎行其余，则寡悔。言寡

yóu xíng guǎ huǐ lù zài qí zhōng yǐ
尤，行寡悔，禄在其中矣。”

wéi zhèng piān
——《为政篇》

zǐ yuē rén ér bù rén rú lǐ hé rén ér bù rén rú
14 子曰：“人而不仁，如礼何？人而不仁，如

yuè hé
乐何？”

bā yì piān
——《八佾篇》

zǐ yuē shēn hū wú dào yī yǐ guàn zhī zēng zǐ yuē
15 子曰：“参乎！吾道一以贯之。”曾子曰：
wěi zǐ chū mén rén wèn yuē hé wèi yě zēng zǐ yuē
“唯。”子出，门人问曰：“何谓也？”曾子曰：
fū zǐ zhī dào zhōng shù ér yǐ yǐ
“夫子之道，忠恕而已矣。”

lǐ rén piān
——《里仁篇》

zǐ yuē shù ér bú zuò xìn ér hào gǔ qiè bǐ yú wǒ
16 子曰：“述而不作，信而好古，窃比于我
lǎo péng
老彭。”

shù ér piān
——《述而篇》

zǐ yuē zhì yú dào jù yú dé yī yú rén yóu yú yì
17 子曰：“志于道，据于德，依于仁，游于艺。”

shù ér piān
——《述而篇》

zǐ yuē bú fèn bù qǐ bù fěi bù fā jǔ yì yú bù yǐ
18 子曰：“不愤不启，不悱不发。举一隅不以
sān yú fǎn zé bú fù yě
三隅反，则不复也。”

shù ér piān
——《述而篇》

zǐ bù yǔ guài lì luàn shén
19 子不语怪、力、乱、神。

shù ér piān
——《述而篇》

zǐ yǐ sì jiào wén xíng zhōng xìn
20 子以四教：文、行、忠、信。

shù ér piān
——《述而篇》

zǐ wēn ér lì wēi ér bù měng gōng ér ān
21 子温而厉，威而不猛，恭而安。

shù ér piān
——《述而篇》

zǐ yuē xīng yú shī lì yú lǐ chéng yú yuè
22 子曰：“兴于《诗》，立于礼，成于乐。”

tài bó piān
——《泰伯篇》

zǐ hǎn yán lì yǔ mìng yǔ rén
23 子罕言利，与命与仁。

zǐ hǎn piān
——《子罕篇》

zǐ jué sì wú yì wú bì wú gù wú wǒ
24 子绝四——毋意，毋必，毋固，毋我。

zǐ hǎn piān
——《子罕篇》

zǐ wèi yú kuāng yuē wén wáng jì mò wén bú zài zī hū
25 子畏于匡，曰：“文王既没，文不在兹乎？

tiān zhī jiāng sàng sī wén yě hòu sǐ zhě bù dé yù yú sī wén yě tiān
天之将丧斯文也，后死者不得与于斯文也；天

zhī wèi sàng sī wén yě kuāng rén qí rú yú hé
之未丧斯文也，匡人其如予何？”

zǐ hǎn piān
——《子罕篇》

zǐ yuē sān jūn kě duó shuài yě pǐ fū bù kě duó zhì yě
26 子曰：“三军可夺帅也，匹夫不可夺志也。”

zǐ hǎn piān
——《子罕篇》

yán yuān wèn rén zǐ yuē kè jǐ fù lǐ wéi rén yí rì kè
27 颜渊问仁。子曰：“克己复礼为仁。一日克

jǐ fù lǐ tiān xià guī rén yān wéi rén yóu jǐ ér yóu rén hū
己复礼，天下归仁焉。为仁由己，而由人乎

zāi yán yuān yuē qǐng wèn qí mù zǐ yuē fēi lǐ wù shì
哉？”颜渊曰：“请问其目。”子曰：“非礼勿视，
fēi lǐ wù tīng fēi lǐ wù yán fēi lǐ wù dòng yán yuān yuē
非礼勿听，非礼勿言，非礼勿动。”颜渊曰：
huí suī bù mǐn qǐng shì sī yǔ yǐ
“回虽不敏，请事斯语矣。”

yán yuān piān
——《颜渊篇》

zǐ gòng wèn zhèng zǐ yuē zú shí zú bīng mín xìn zhī
28 子贡问政。子曰：“足食，足兵，民信之
yǐ zǐ gòng yuē bì bù dé yǐ ér qù yú sī sān zhě hé
矣。”子贡曰：“必不得已而去，于斯三者何
xiān yuē qù bīng zǐ gòng yuē bì bù dé yǐ ér qù
先？”曰：“去兵。”子贡曰：“必不得已而去，
yú sī èr zhě hé xiān yuē qù shí zì gǔ jiē yǒu sǐ mín
于斯二者何先？”曰：“去食。自古皆有死，民
wú xìn bú lì
无信不立。”

yán yuān piān
——《颜渊篇》

zǐ yuē jūn zǐ chéng rén zhī měi bù chéng rén zhī è xiǎo rén
29 子曰：“君子成人之美，不成人之恶。小人
fǎn shì
反是。”

yán yuān piān
——《颜渊篇》

zǐ lù wèn zhèng zǐ yuē xiān zhī láo zhī qǐng yì
30 子路问政。子曰：“先之，劳之。”请益。
yuē wú juàn
曰：“无倦。”

zǐ lù piān
——《子路篇》

zǐ yuē qí shēn zhèng bú lìng ér xíng qí shēn bú zhèng suī
31 子曰："其身正，不令而行；其身不正，虽
lìng bù cóng
令不从。"

zǐ lù piān
——《子路篇》

zǐ yuē yǒu dé zhě bì yǒu yán yǒu yán zhě bú bì yǒu dé
32 子曰："有德者必有言，有言者不必有德。
rén zhě bì yǒu yǒng yǒng zhě bú bì yǒu rén
仁者必有勇，勇者不必有仁。"

xiàn wèn piān
——《宪问篇》

zǐ lù wèn jūn zǐ zǐ yuē xiū jǐ yǐ jìng yuē rú
33 子路问君子。子曰："修己以敬。"曰："如
sī ér yǐ hū yuē xiū jǐ yǐ ān rén yuē rú sī ér
斯而已乎？"曰："修己以安人。"曰："如斯而
yǐ hū yuē xiū jǐ yǐ ān bǎi xìng xiū jǐ yǐ ān bǎi xìng
已乎？"曰："修己以安百姓。修己以安百姓，
yáo shùn qí yóu bìng zhū
尧舜其犹病诸！"

xiàn wèn piān
——《宪问篇》

zǐ gòng wèn yuē yǒu yì yán ér kě yǐ zhōng shēn xíng zhī zhě hū
34 子贡问曰："有一言而可以终身行之者乎？"
zǐ yuē qí shù hū jǐ suǒ bú yù wù shī yú rén
子曰："其恕乎！己所不欲，勿施于人。"

wèi líng gōng piān
——《卫灵公篇》

kǒng zǐ yuē jūn zǐ yǒu sān wèi wèi tiān mìng wèi dà rén
35 孔子曰："君子有三畏：畏天命，畏大人，
wèi shèng rén zhī yán xiǎo rén bù zhī tiān mìng ér bú wèi yě xiá dà rén
畏圣人之言。小人不知天命而不畏也，狎大人，

wǔ shèng rén zhī yán
侮圣人之言。”

jì shì piān
——《季氏篇》

zǐ zhāng wèn rén yú kǒng zǐ kǒng zǐ yuē néng xíng wǔ zhě yú tiān
36 子张问仁于孔子。孔子曰：“能行五者于天

xià wéi rén yǐ qǐng wèn zhī yuē gōng kuān xìn mǐn
下，为仁矣。”请问之。曰：“恭、宽、信、敏、

huì gōng zé bù wǔ kuān zé dé zhòng xìn zé rén rèn yān mǐn zé
惠。恭则不侮，宽则得众，信则人任焉，敏则

yǒu gōng huì zé zú yǐ shǐ rén
有功，惠则足以使人。”

yáng huò piān
——《阳货篇》

zǐ xià yuē shì ér yōu zé xué xué ér yōu zé shì
37 子夏曰：“仕而优则学，学而优则仕。”

zǐ zhāng piān
——《子张篇》

yáo yuē zī ěr shùn tiān zhī lì shù zài ěr gōng yǔn zhí
38 尧曰：“咨！尔舜！天之历数在尔躬，允执

qí zhōng sì hǎi kùn qióng tiān lù yǒng zhōng shùn yì yǐ mìng yǔ
其中。四海困穷，天禄永终。”舜亦以命禹。

yuē yú xiǎo zǐ lǚ gǎn yòng xuán mǔ gǎn zhāo gào yú huáng huáng hòu
曰：“予小子履，敢用玄牡，敢昭告于皇皇后

dì yǒu zuì bù gǎn shè dì chén bú bì jiǎn zài dì xīn zhèn gōng yǒu
帝：有罪不敢赦。帝臣不蔽，简在帝心。朕躬有

zuì wú yǐ wàn fāng wàn fāng yǒu zuì zuì zài zhèn gōng zhōu yǒu dà
罪，无以万方；万方有罪，罪在朕躬。”周有大

lài shàn rén shì fù suī yǒu zhōu qīn bù rú rén rén bǎi xìng yǒu
赉，善人是富。“虽有周亲，不如仁人。百姓有

guò zài yú yì rén jǐn quán liàng shěn fǎ dù xiū fèi guān sì
过，在予一人。”谨权量，审法度，修废官，四

fāng zhī zhèng xíng yān xīng miè guó jì jué shì jǔ yì mín tiān xià
方之政行焉。兴灭国，继绝世，举逸民，天下

zhī mín guī xīn yān suǒ zhòng mín shí sāng jì kuān zé dé
之民归心焉。所重：民、食、丧、祭。宽则得
zhòng xìn zé mín rèn yān mǐn zé yǒu gōng gōng zé yuè
众，信则民任焉，敏则有功，公则说。

yáo yuē piān
——《尧曰篇》

zǐ zhāng wèn yú kǒng zǐ yuē hé rú sī kě yǐ cóng zhèng yǐ
39 子张问于孔子曰：“何如斯可以从政矣？”
zǐ yuē zūn wǔ měi bǐng sì è sī kě yǐ cóng zhèng yǐ zǐ
子曰：“尊五美，屏四恶，斯可以从政矣。”子
zhāng yuē hé wèi wǔ měi zǐ yuē jūn zǐ huì ér bú fèi láo
张曰：“何谓五美？”子曰：“君子惠而不费，劳
ér bú yuàn yù ér bù tān tài ér bù jiāo wēi ér bù měng zǐ
而不怨，欲而不贪，泰而不骄，威而不猛。”子
zhāng yuē hé wèi huì ér bú fèi zǐ yuē yīn mín zhī suǒ lì ér
张曰：“何谓惠而不费？”子曰：“因民之所利而
lì zhī sī bú yì huì ér bú fèi hū zé kě láo ér láo zhī yòu shuí
利之，斯不亦惠而不费乎？择可劳而劳之，又谁
yuàn yù rén ér dé rén yòu yān tān jūn zǐ wú zhòng guǎ wú xiǎo
怨？欲仁而得仁，又焉贪？君子无众寡，无小
dà wú gǎn màn sī bú yì tài ér bù jiāo hū jūn zǐ zhèng qí yī
大，无敢慢，斯不亦泰而不骄乎？君子正其衣
guān zūn qí zhān shì yǎn rán rén wàng ér wèi zhī sī bú yì wēi ér
冠，尊其瞻视，俨然人望而畏之，斯不亦威而
bù měng hū zǐ zhāng yuē hé wèi sì è zǐ yuē bú jiào
不猛乎？”子张曰：“何谓四恶？”子曰：“不教
ér shā wèi zhī nüè bú jiè shì chéng wèi zhī bào màn lìng zhì qī wèi zhī
而杀谓之虐；不戒视成谓之暴；慢令致期谓之
zéi yóu zhī yǔ rén yě chū nà zhī lìn wèi zhī yǒu sī
贼；犹之与人也，出纳之吝，谓之有司。”

yáo yuē piān
——《尧曰篇》

kǒng zǐ yuē bù zhī mìng wú yǐ wéi jūn zǐ yě bù zhī lǐ
40 孔子曰："不知命，无以为君子也；不知礼，
wú yǐ lì yě bù zhī yán wú yǐ zhī rén yě
无以立也；不知言，无以知人也。"

yáo yuē piān
——《尧曰篇》

mèng zǐ

《孟子》（节选）

lǎo wú lǎo yǐ jí rén zhī lǎo yòu wú yòu yǐ jí rén zhī yòu

1 老吾老，以及人之老；幼吾幼，以及人之幼。

tiān xià kě yùn yú zhǎng

天下可运于掌。

liáng huì wáng shàng

——《梁惠王上》

lè mín zhī lè zhě mín yì lè qí lè yōu mín zhī yōu zhě mín

2 乐民之乐者，民亦乐其乐；忧民之忧者，民

yì yōu qí yōu lè yǐ tiān xià yōu yǐ tiān xià rán ér bú wàng zhě

亦忧其忧。乐以天下，忧以天下，然而不王者，

wèi zhī yǒu yě

未之有也。

liáng huì wáng xià

——《梁惠王下》

zì fǎn ér suō suī qiān wàn rén wú wǎng yǐ

3 自反而缩，虽千万人，吾往矣。

gōng sūn chǒu shàng

——《公孙丑上》

gǎn wèn fū zǐ wū hū cháng yuē wǒ zhī yán wǒ shàn yǎng

4 “敢问夫子恶乎长？”曰：“我知言，我善养

wú hào rán zhī qì gǎn wèn hé wèi hào rán zhī qì yuē nán yán

吾浩然之气。”“敢问何谓浩然之气？”曰：“难言

yě qí wéi qì yě zhì dà zhì gāng yǐ zhí yǎng ér wú hài zé sè
也。其为气也，至大至刚，以直养而无害，则塞
yú tiān dì zhī jiān qí wéi qì yě pèi yì yǔ dào wú shì něi yě
于天地之间。其为气也，配义与道；无是，馁也。”

gōng sūn chǒu shàng
——《公孙丑上》

5 yǐ lì fú rén zhě fēi xīn fú yě lì bú shàn yě yǐ dé fú
以力服人者，非心服也，力不赡也；以德服
rén zhě zhōng xīn yuè ér chéng fú yě rú qī shí zǐ zhī fú kǒng zǐ yě
人者，中心悦而诚服也，如七十子之服孔子也。

gōng sūn chǒu shàng
——《公孙丑上》

6 mèng zǐ yuē tiān shí bù rú dì lì dì lì bù rú rén hé
孟子曰：“天时不如地利，地利不如人和。
sān lǐ zhī chéng qī lǐ zhī guō huán ér gōng zhī ér bú shèng fú huán ér
三里之城，七里之郭，环而攻之而不胜。夫环而
gōng zhī bì yǒu dé tiān shí zhě yǐ rán ér bú shèng zhě shì tiān shí bù
攻之，必有得天时者矣；然而不胜者，是天时不
rú dì lì yě chéng fēi bù gāo yě chí fēi bù shēn yě bīng gé fēi bù
如地利也。城非不高也，池非不深也，兵革非不
jiān lì yě mǐ sù fēi bù duō yě wěi ér qù zhī shì dì lì bù rú
坚利也，米粟非不多也；委而去之，是地利不如
rén hé yě
人和也。”

gōng sūn chǒu xià
——《公孙丑下》

7 dé dào zhě duō zhù shī dào zhě guǎ zhù guǎ zhù zhī zhì qīn qī
得道者多助，失道者寡助。寡助之至，亲戚
pàn zhī duō zhù zhī zhì tiān xià shùn zhī
畔之；多助之至，天下顺之。

gōng sūn chǒu xià
——《公孙丑下》

jū tiān xià zhī guǎng jū lì tiān xià zhī zhèng wèi xíng tiān xià zhī dà
8 居天下之广居，立天下之正位，行天下之大

dào dé zhì yǔ mín yóu zhī bù dé zhì dú xíng qí dào fù guì bù
道。得志，与民由之；不得志，独行其道。富贵不

néng yín pín jiàn bù néng yí wēi wǔ bù néng qū cǐ zhī wèi dà zhàng fū
能淫，贫贱不能移，威武不能屈，此之谓大丈夫。

téng wén gōng xià
——《滕文公下》

mèng zǐ yuē ài rén bù qīn fǎn qí rén zhì rén bú zhì
9 孟子曰：“爱人不亲，反其仁；治人不治，

fǎn qí zhì lǐ rén bù dá fǎn qí jìng xíng yǒu bù dé zhě jiē fǎn qiú
反其智；礼人不答，反其敬。行有不得者皆反求

zhū jǐ qí shēn zhèng ér tiān xià guī zhī
诸己，其身正而天下归之。”

lí lóu shàng
——《离娄上》

mèng zǐ gào qí xuān wáng yuē jūn zhī shì chén rú shǒu zú zé chén
10 孟子告齐宣王曰：“君之视臣如手足，则臣

shì jūn rú fù xīn jūn zhī shì chén rú quǎn mǎ zé chén shì jūn rú guó
视君如腹心；君之视臣如犬马，则臣视君如国

rén jūn zhī shì chén rú tǔ jiè zé chén shì jūn rú kòu chóu
人；君之视臣如土芥，则臣视君如寇雠。”

lí lóu xià
——《离娄下》

mèng zǐ yuē rén zhī suǒ yǐ yì yú qín shòu zhě jī xī shù mín
11 孟子曰：“人之所以异于禽兽者几希，庶民

qù zhī jūn zǐ cún zhī shùn míng yú shù wù chá yú rén lún yóu rén
去之，君子存之。舜明于庶物，察于人伦，由仁

yì xíng fēi xíng rén yì yě
义行，非行仁义也。”

lí lóu xià
——《离娄下》

mèng zǐ yuē jūn zǐ suǒ yǐ yì yú rén zhě yǐ qí cún xīn yě
12 孟子曰：“君子所以异于人者，以其存心也。
jūn zǐ yǐ rén cún xīn yǐ lǐ cún xīn rén zhě ài rén yǒu lǐ zhě jìng
君子以仁存心，以礼存心。仁者爱人，有礼者敬
rén ài rén zhě rén héng ài zhī jìng rén zhě rén héng jìng zhī
人。爱人者，人恒爱之；敬人者，人恒敬之。”

lí lóu xià
——《离娄下》

mèng zǐ yuē shì sú suǒ wèi bú xiào zhě wǔ duò qí sì zhī
13 孟子曰：“世俗所谓不孝者五：惰其四支，
bú gù fù mǔ zhī yǎng yī bú xiào yě bó yì hào yǐn jiǔ bú gù fù
不顾父母之养，一不孝也；博弈好饮酒，不顾父
mǔ zhī yǎng èr bú xiào yě hào huò cái sī qī zǐ bú gù fù mǔ
母之养，二不孝也；好货财，私妻子，不顾父母
zhī yǎng sān bú xiào yě zòng ěr mù zhī yù yǐ wéi fù mǔ lù sì
之养，三不孝也；从耳目之欲，以为父母戮，四
bú xiào yě hào yǒng dòu hěn yǐ wēi fù mǔ wǔ bú xiào yě
不孝也；好勇斗很，以危父母，五不孝也。”

lí lóu xià
——《离娄下》

mèng zǐ yuē cè yǐn zhī xīn rén jiē yǒu zhī xiū wù zhī
14 孟子曰：“恻隐之心，人皆有之；羞恶之
xīn rén jiē yǒu zhī gōng jìng zhī xīn rén jiē yǒu zhī shì fēi zhī
心，人皆有之；恭敬之心，人皆有之；是非之
xīn rén jiē yǒu zhī cè yǐn zhī xīn rén yě xiū wù zhī xīn yì
心，人皆有之。恻隐之心，仁也；羞恶之心，义
yě gōng jìng zhī xīn lǐ yě shì fēi zhī xīn zhì yě rén yì lǐ
也；恭敬之心，礼也；是非之心，智也。仁义礼
zhì fēi yóu wài shuò wǒ yě wǒ gù yǒu zhī yě fú sī ěr yǐ
智，非由外铄我也，我固有之也，弗思耳矣。”

gào zǐ shàng
——《告子上》

mèng zǐ yuē yú wǒ suǒ yù yě xióng zhǎng yì wǒ suǒ yù
15 孟子曰：“鱼，我所欲也，熊掌，亦我所欲
yě èr zhě bù kě dé jiān shě yú ér qǔ xióng zhǎng zhě yě shēng
也，二者不可得兼，舍鱼而取熊掌者也。生，
yì wǒ suǒ yù yě yì yì wǒ suǒ yù yě èr zhě bù kě dé jiān
亦我所欲也；义，亦我所欲也；二者不可得兼，
shě shēng ér qǔ yì zhě yě
舍生而取义者也。”

gào zǐ shàng
——《告子上》

ěr mù zhī guān bù sī ér bì yú wù wù jiāo wù zé yǐn zhī
16 耳目之官不思，而蔽于物，物交物，则引之
ér yǐ yǐ xīn zhī guān zé sī sī zé dé zhī bù sī zé bù dé
而已矣。心之官则思，思则得之，不思则不得
yě cǐ tiān zhī suǒ yǔ wǒ zhě xiān lì hū qí dà zhě zé qí xiǎo zhě
也。此天之所与我者。先立乎其大者，则其小者
bù néng duó yě cǐ wéi dà rén ér yǐ yǐ
不能夺也。此为大人而已矣。

gào zǐ shàng
——《告子上》

mèng zǐ yuē gù tiān jiāng jiàng dà rèn yú shì rén yě bì xiān kǔ
17 孟子曰：“故天将降大任于是人也，必先苦
qí xīn zhì láo qí jīn gǔ è qí tǐ fū kōng fá qí shēn xíng fú
其心志，劳其筋骨，饿其体肤，空乏其身，行拂
luàn qí suǒ wéi suǒ yǐ dòng xīn rěn xìng zēng yì qí suǒ bù néng
乱其所为，所以动心忍性，曾益其所不能。”

gào zǐ xià
——《告子下》

mèng zǐ yuē jìn qí xīn zhě zhī qí xìng yě zhī qí xìng
18 孟子曰：“尽其心者，知其性也。知其性，
zé zhī tiān yǐ cún qí xīn yǎng qí xìng suǒ yǐ shì tiān yě yāo shòu
则知天矣。存其心，养其性，所以事天也。夭寿

bú èr xiū shēn yǐ sì zhī suǒ yǐ lì mìng yě
不贰，修身以俟之，所以立命也。”

jìn xīn shàng
——《尽心上》

mèng zǐ yuē qiú zé dé zhī shě zé shī zhī shì qiú yǒu yì
19 孟子曰：“求则得之，舍则失之，是求有益
yú dé yě qiú zài wǒ zhě yě qiú zhī yǒu dào dé zhī yǒu mìng shì
于得也，求在我者也。求之有道，得之有命，是
qiú wú yì yú dé yě qiú zài wài zhě yě
求无益于得也，求在外者也。”

jìn xīn shàng
——《尽心上》

mèng zǐ yuē wàn wù jiē bèi yú wǒ yǐ fǎn shēn ér chéng lè
20 孟子曰：“万物皆备于我矣。反身而诚，乐
mò dà yān qiǎng shù ér xíng qiú rén mò jìn yān
莫大焉。强恕而行，求仁莫近焉。”

jìn xīn shàng
——《尽心上》

gǔ zhī rén dé zhì zé jiā yú mín bù dé zhì xiū shēn xiàn
21 古之人，得志，泽加于民；不得志，修身见
yú shì qióng zé dú shàn qí shēn dá zé jiān shàn tiān xià
于世。穷则独善其身，达则兼善天下。

jìn xīn shàng
——《尽心上》

mèng zǐ yuē rén yán bù rú rén shēng zhī rù rén shēn yě shàn
22 孟子曰：“仁言，不如仁声之入人深也；善
zhèng bù rú shàn jiào zhī dé mín yě shàn zhèng mín wèi zhī shàn jiào
政，不如善教之得民也。善政，民畏之；善教，
mín ài zhī shàn zhèng dé mín cái shàn jiào dé mín xīn
民爱之。善政得民财，善教得民心。”

jìn xīn shàng
——《尽心上》

mèng zǐ yuē rén zhī suǒ bù xué ér néng zhě qí liáng néng yě
23 孟子曰："人之所不学而能者，其良能也；
suǒ bú lǜ ér zhī zhě qí liáng zhī yě hái tí zhī tóng wú bù zhī ài
所不虑而知者，其良知也。孩提之童无不知爱
qí qīn zhě jí qí zhǎng yě wú bù zhī jìng qí xiōng yě qīn qīn
其亲者，及其长也，无不知敬其兄也。亲亲，
rén yě jìng zhǎng yì yě wú tā dá zhī tiān xià yě
仁也；敬长，义也。无他，达之天下也。"

jìn xīn shàng
——《尽心上》

mèng zǐ yuē jūn zǐ yǒu sān lè ér wàng tiān xià bú yù cún yān
24 孟子曰："君子有三乐，而王天下不与存焉。
fù mǔ jù cún xiōng dì wú gù yī lè yě yǎng bú kuì yú tiān fǔ
父母俱存，兄弟无故，一乐也；仰不愧于天，俯
bú zuò yú rén èr lè yě dé tiān xià yīng cái ér jiào yù zhī sān lè
不怍于人，二乐也；得天下英才而教育之，三乐
yě jūn zǐ yǒu sān lè ér wàng tiān xià bú yù cún yān
也。君子有三乐，而王天下不与存焉。"

jìn xīn shàng
——《尽心上》

jūn zǐ suǒ xìng rén yì lǐ zhì gēn yú xīn qí shēng sè yě suì rán
25 君子所性，仁义礼智根于心。其生色也睟然，
xiàn yú miàn àng yú bèi shī yú sì tǐ sì tǐ bù yán ér yù
见于面，盎于背，施于四体，四体不言而喻。

jìn xīn shàng
——《尽心上》

mèng zǐ yuē tiān xià yǒu dào yǐ dào xùn shēn tiān xià wú dào
26 孟子曰："天下有道，以道殉身；天下无道，
yǐ shēn xùn dào wèi wén yǐ dào xùn hū rén zhě yě
以身殉道。未闻以道殉乎人者也。"

jìn xīn shàng
——《尽心上》

mèng zǐ yuē mín wéi guì shè jì cì zhī jūn wéi qīng shì
27 孟子曰："民为贵，社稷次之，君为轻。是
gù dé hū qiū mín ér wéi tiān zǐ dé hū tiān zǐ wéi zhū hóu dé hū
故得乎丘民而为天子，得乎天子为诸侯，得乎
zhū hóu wéi dà fū
诸侯为大夫。"

jìn xīn xià
——《尽心下》

kě yù zhī wèi shàn yǒu zhū jǐ zhī wèi xìn chōng shí zhī wèi měi
28 可欲之谓善，有诸己之谓信，充实之谓美，
chōng shí ér yǒu guāng huī zhī wèi dà dà ér huà zhī zhī wèi shèng shèng ér
充实而有光辉之谓大，大而化之之谓圣，圣而
bù kě zhī zhī zhī wèi shén
不可知之之谓神。

jìn xīn xià
——《尽心下》

zhōng yōng

《中庸》（节选）

tiān mìng zhī wèi xìng shuài xìng zhī wèi dào xiū dào zhī wèi jiào dào
1 天命之谓性，率性之谓道，修道之谓教。道
yě zhě bù kě xū yú lí yě kě lí fēi dào yě shì gù jūn zǐ jiè
也者，不可须臾离也，可离非道也。是故君子戒
shèn hū qí suǒ bù dǔ kǒng jù hū qí suǒ bù wén mò xiàn hū yǐn mò
慎乎其所不睹，恐惧乎其所不闻。莫见乎隐，莫
xiǎn hū wēi gù jūn zǐ shèn qí dú yě
显乎微。故君子慎其独也。

xǐ nù āi lè zhī wèi fā wèi zhī zhōng fā ér jiē zhòng jié wèi
2 喜怒哀乐之未发，谓之中；发而皆中节，谓
zhī hé zhōng yě zhě tiān xià zhī dà běn yě hé yě zhě tiān xià zhī
之和。中也者，天下之大本也；和也者，天下之
dá dào yě zhì zhōng hé tiān dì wèi yān wàn wù yù yān
达道也。致中和，天地位焉，万物育焉。

zhòng ní yuē jūn zǐ zhōng yōng xiǎo rén fǎn zhōng yōng jūn zǐ zhī
3 仲尼曰：“君子中庸，小人反中庸。君子之
zhōng yōng yě jūn zǐ ér shí zhōng xiǎo rén zhī fǎn zhōng yōng yě xiǎo rén
中庸也，君子而时中。小人之反中庸也，小人
ér wú jì dàn yě
而无忌惮也。”

zǐ yuē shùn qí dà zhì yě yú shùn hào wèn ér hào chá ěr yán
4 子曰："舜其大知也与！舜好问而好察迩言，
yǐn è ér yáng shàn zhí qí liǎng duān yòng qí zhōng yú mín qí sī yǐ wéi
隐恶而扬善，执其两端，用其中于民。其斯以为
shùn hū
舜乎！"

zǐ yuē huí zhī wéi rén yě zé hū zhōng yōng dé yī shàn
5 子曰："回之为人也，择乎中庸，得一善，
zé quán quán fú yīng ér fú shī zhī yǐ
则拳拳服膺而弗失之矣。"

zǐ yuē tiān xià guó jiā kě jūn yě jué lù kě cí yě bái
6 子曰："天下国家可均也，爵禄可辞也，白
rèn kě dǎo yě zhōng yōng bù kě néng yě
刃可蹈也，中庸不可能也。"

jūn zǐ zhī dào zào duān hū fū fù jí qí zhì yě chá hū
7 君子之道，造端乎夫妇，及其至也，察乎
tiān dì
天地。

zǐ yuē dào bù yuǎn rén rén zhī wéi dào ér yuǎn rén bù kě
8 子曰："道不远人，人之为道而远人，不可
yǐ wéi dào
以为道。"

jūn zǐ sù qí wèi ér xíng bú yuàn hū qí wài sù fù guì xíng
9 君子素其位而行，不愿乎其外。素富贵，行
hū fù guì sù pín jiàn xíng hū pín jiàn sù yí dí xíng hū yí
乎富贵；素贫贱，行乎贫贱；素夷狄，行乎夷
dí sù huàn nàn xíng hū huàn nàn jūn zǐ wú rù ér bú zì dé yān
狄；素患难，行乎患难。君子无入而不自得焉。

zài shàng wèi bù líng xià zài xià wèi bù yuán shàng zhèng jǐ
10 在上位，不陵下；在下位，不援上。正己

ér bù qiú yú rén zé wú yuàn shàng bú yuàn tiān xià bù yóu rén
而不求于人，则无怨。上不怨天，下不尤人。

gù jūn zǐ jū yì yǐ sì mìng xiǎo rén xíng xiǎn yǐ jiǎo xìng
故君子居易以俟命，小人行险以徼幸。

gù wéi zhèng zài rén qǔ rén yǐ shēn xiū shēn yǐ dào xiū dào yǐ
11 故为政在人，取人以身，修身以道，修道以
rén rén zhě rén yě qīn qīn wéi dà yì zhě yí yě zūn xián
仁。仁者，人也，亲亲为大；义者，宜也，尊贤
wéi dà
为大。

tiān xià zhī dá dào wǔ suǒ yǐ xíng zhī zhě sān yuē jūn chén
12 天下之达道五，所以行之者三。曰：君臣
yě fù zǐ yě fū fù yě kūn dì yě péng yǒu zhī jiāo yě wǔ
也，父子也，夫妇也，昆弟也，朋友之交也，五
zhě tiān xià zhī dá dào yě zhì rén yǒng sān zhě tiān xià zhī dá
者，天下之达道也。知、仁、勇三者，天下之达
dé yě suǒ yǐ xíng zhī zhě yī yě huò shēng ér zhī zhī huò xué ér
德也。所以行之者一也。或生而知之，或学而
zhī zhī huò kùn ér zhī zhī jí qí zhī zhī yī yě huò ān ér xíng
知之，或困而知之，及其知之一也；或安而行
zhī huò lì ér xíng zhī huò miǎn qiǎng ér xíng zhī jí qí chéng gōng
之，或利而行之，或勉强而行之，及其成功
yī yě
一也。

zǐ yuē hào xué jìn hū zhì lì xíng jìn hū rén zhī chǐ jìn
13 子曰：“好学近乎知，力行近乎仁，知耻近
hū yǒng zhī sī sān zhě zé zhī suǒ yǐ xiū shēn zhī suǒ yǐ xiū shēn
乎勇。知斯三者，则知所以修身；知所以修身，
zé zhī suǒ yǐ zhì rén zhī suǒ yǐ zhì rén zé zhī suǒ yǐ zhì tiān xià
则知所以治人；知所以治人，则知所以治天下

guó jiā yǐ
国家矣。”

fán wéi tiān xià guó jiā yǒu jiǔ jīng yuē xiū shēn yě zūn xián
14 凡为天下国家有九经。曰：修身也，尊贤
yě qīn qīn yě jìng dà chén yě tǐ qún chén yě zǐ shù mín yě
也，亲亲也，敬大臣也，体群臣也，子庶民也，
lái bǎi gōng yě róu yuǎn rén yě huái zhū hóu yě xiū shēn zé dào lì
来百工也，柔远人也，怀诸侯也。修身则道立，
zūn xián zé bú huò qīn qīn zé zhū fù kūn dì bú yuàn jìng dà chén zé
尊贤则不惑；亲亲则诸父昆弟不怨，敬大臣则
bú xuàn tǐ qún chén zé shì zhī bào lǐ zhòng zǐ shù mín zé bǎi xìng quàn
不眩，体群臣则士之报礼重，子庶民则百姓劝，
lái bǎi gōng zé cái yòng zú róu yuǎn rén zé sì fāng guī zhī huái zhū hóu
来百工则财用足，柔远人则四方归之，怀诸侯
zé tiān xià wèi zhī
则天下畏之。

fán shì yù zé lì bú yù zé fèi yán qián dìng zé bú jiá shì
15 凡事豫则立，不豫则废。言前定则不跲；事
qián dìng zé bú kùn xíng qián dìng zé bú jiù dào qián dìng zé bù qióng
前定则不困；行前定则不疚；道前定则不穷。

zài xià wèi bú huò hū shàng mín bù kě dé ér zhì yǐ huò hū
16 在下位不获乎上，民不可得而治矣。获乎
shàng yǒu dào bú xìn hū péng yǒu bú huò hū shàng yǐ xìn hū péng yǒu
上有道：不信乎朋友，不获乎上矣；信乎朋友
yǒu dào bú shùn hū qīn bú xìn hū péng yǒu yǐ shùn hū qīn yǒu dào
有道：不顺乎亲，不信乎朋友矣；顺乎亲有道：
fǎn zhū shēn bù chéng bú shùn hū qīn yǐ chéng shēn yǒu dào bù míng hū
反诸身不诚，不顺乎亲矣；诚身有道：不明乎
shàn bù chéng hū shēn yǐ
善，不诚乎身矣。

chéng zhě tiān zhī dào yě chéng zhī zhě rén zhī dào yě chéng
17 诚者，天之道也；诚之者，人之道也。诚
zhě bù miǎn ér zhòng bù sī ér dé cóng róng zhòng dào shèng rén yě
者，不勉而中，不思而得，从容中道，圣人也。
chéng zhī zhě zé shàn ér gù zhí zhī zhě yě
诚之者，择善而固执之者也。

bó xué zhī shěn wèn zhī shèn sī zhī míng biàn zhī dǔ
18 博学之，审问之，慎思之，明辨之，笃
xíng zhī
行之。

rén yī néng zhī jǐ bǎi zhī rén shí néng zhī jǐ qiān zhī guǒ
19 人一能之，己百之；人十能之，己千之。果
néng cǐ dào yǐ suī yú bì míng suī róu bì qiáng
能此道矣，虽愚必明，虽柔必强。

zì chéng míng wèi zhī xìng zì míng chéng wèi zhī jiào chéng zé
20 自诚明，谓之性；自明诚，谓之教。诚则
míng yǐ míng zé chéng yǐ
明矣，明则诚矣。

wéi tiān xià zhì chéng wéi néng jìn qí xìng néng jìn qí xìng zé néng
21 唯天下至诚，为能尽其性；能尽其性，则能
jìn rén zhī xìng néng jìn rén zhī xìng zé néng jìn wù zhī xìng néng jìn wù
尽人之性；能尽人之性，则能尽物之性；能尽物
zhī xìng zé kě yǐ zàn tiān dì zhī huà yù kě yǐ zàn tiān dì zhī huà
之性，则可以赞天地之化育；可以赞天地之化
yù zé kě yǐ yǔ tiān dì cān yǐ qí cì zhì qū qū néng yǒu chéng
育，则可以与天地参矣。其次致曲，曲能有诚，
chéng zé xíng xíng zé zhù zhù zé míng míng zé dòng dòng zé biàn biàn
诚则形，形则著，著则明，明则动，动则变，变
zé huà wéi tiān xià zhì chéng wéi néng huà
则化。唯天下至诚为能化。

zhì chéng zhī dào kě yǐ qián zhī guó jiā jiāng xīng bì yǒu zhēn
22 至诚之道，可以前知。国家将兴，必有祯
xiáng guó jiā jiāng wáng bì yǒu yāo niè xiàn hū shī guī dòng hū sì
祥；国家将亡，必有妖孽。见乎蓍龟，动乎四
tǐ huò fú jiāng zhì shàn bì xiān zhī zhī bú shàn bì xiān zhī
体。祸福将至：善，必先知之；不善，必先知
zhī gù zhì chéng rú shén
之。故至诚如神。

chéng zhě zì chéng yě ér dào zì dào yě chéng zhě wù
23 诚者，自成也；而道，自道也。诚者，物
zhī zhōng shǐ bù chéng wú wù shì gù jūn zǐ chéng zhī wéi guì chéng
之终始，不诚无物。是故君子诚之为贵。诚
zhě fēi zì chéng jǐ ér yǐ yě suǒ yǐ chéng wù yě chéng jǐ rén
者，非自成己而已也，所以成物也。成己，仁
yě chéng wù zhì yě xìng zhī dé yě hé wài nèi zhī dào yě gù
也；成物，知也。性之德也，合外内之道也，故
shí cuò zhī yí yě
时措之宜也。

tiān dì zhī dào kě yī yán ér jìn yě qí wéi wù bú èr zé
24 天地之道，可一言而尽也：其为物不贰，则
qí shēng wù bú cè tiān dì zhī dào bó yě hòu yě gāo yě míng
其生物不测。天地之道，博也，厚也，高也，明
yě yōu yě jiǔ yě
也，悠也，久也。

gù jūn zǐ zūn dé xìng ér dào wèn xué zhì guǎng dà ér jìn jīng wēi
25 故君子尊德性而道问学，致广大而尽精微，
jí gāo míng ér dào zhōng yōng wēn gù ér zhī xīn dūn hòu yǐ chóng lǐ
极高明而道中庸。温故而知新，敦厚以崇礼。
shì gù jū shàng bù jiāo wéi xià bú bèi guó yǒu dào qí yán zú yǐ xīng
是故居上不骄，为下不倍。国有道其言足以兴，

guó wú dào qí mò zú yǐ róng
国无道其默足以容。

zhòng ní zǔ shù yáo shùn xiàn zhāng wén wǔ shàng lǜ tiān shí xià
26 仲尼祖述尧舜，宪章文武；上律天时，下
xí shuǐ tǔ pì rú tiān dì zhī wú bù chí zài wú bú fù dào pì rú
袭水土。辟如天地之无不持载，无不覆帱，辟如
sì shí zhī cuò xíng rú rì yuè zhī dài míng wàn wù bìng yù ér bù xiāng
四时之错行，如日月之代明。万物并育而不相
hài dào bìng xíng ér bù xiāng bèi xiǎo dé chuān liú dà dé dūn huà
害，道并行而不相悖。小德川流，大德敦化，
cǐ tiān dì zhī suǒ yǐ wéi dà yě
此天地之所以为大也！

shī yún yú huái míng dé bú dà shēng yǐ sè zǐ
27 《诗》云：“予怀明德，不大声以色。”子
yuē shēng sè zhī yú yǐ huà mín mò yě shī yuē dé
曰：“声色之于以化民，末也。”《诗》曰：“德
yóu rú máo máo yóu yǒu lún shàng tiān zhī zài wú shēng wú xiù
輶如毛”，毛犹有伦。“上天之载，无声无臭”，
zhì yǐ
至矣！

shī jīng

《诗经》（节选）

guān guān jū jiū zài hé zhī zhōu yǎo tiǎo shū nǚ jūn zǐ hǎo qiú

1 关关雎鸠，在河之洲。窈窕淑女，君子好逑。

guó fēng zhōu nán guān jū

——《国风·周南·关雎》

táo zhī yāo yāo qí yè zhēn zhēn zhī zǐ yú guī yí qí jiā rén

2 桃之夭夭，其叶蓁蓁。之子于归，宜其家人。

guó fēng zhōu nán táo yāo

——《国风·周南·桃夭》

huì bǐ xiǎo xīng sān wǔ zài dōng sù sù xiāo zhēng sù yè zài gōng shí mìng bù tóng

3 嘒彼小星，三五在东。肃肃宵征，夙夜在公，寔命不同。

guó fēng shào nán xiǎo xīng

——《国风·召南·小星》

sǐ shēng qì kuò yǔ zǐ chéng shuō zhí zǐ zhī shǒu yǔ zǐ xié lǎo

4 死生契阔，与子成说。执子之手，与子偕老。

guó fēng bèi fēng jī gǔ

——《国风·邶风·击鼓》

zhān bǐ rì yuè yōu yōu wǒ sī dào zhī yún yuǎn hé yún néng lái

5 瞻彼日月，悠悠我思。道之云远，曷云能来。

bǎi ěr jūn zǐ bù zhī dé xíng bú zhì bù qiú hé yòng bù zāng
百尔君子，不知德行。不忮不求，何用不臧。

guó fēng bèi fēng xióng zhì
——《国风·邶风·雄雉》

zhān bǐ qí yù lù zhú yī yī yǒu fěi jūn zǐ rú qiē rú cuō
6 瞻彼淇奥，绿竹猗猗。有匪君子，如切如磋，
rú zhuó rú mó sè xī xiàn xī hè xī xuān xī yǒu fěi jūn zǐ zhōng
如琢如磨。瑟兮僩兮，赫兮咺兮。有匪君子，终
bù kě xuān xī
不可谖兮。

guó fēng wèi fēng qí yù
——《国风·卫风·淇奥》

shǒu rú róu tí fū rú níng zhī lǐng rú qiú qí chǐ rú hù xī
7 手如柔荑，肤如凝脂，领如蝤蛴，齿如瓠犀，
qín shǒu é méi qiǎo xiào qiàn xī měi mù pàn xī
螓首蛾眉，巧笑倩兮，美目盼兮。

guó fēng wèi fēng shuò rén
——《国风·卫风·硕人》

tóu wǒ yǐ mù guā bào zhī yǐ qióng jū fěi bào yě yǒng yǐ wéi
8 投我以木瓜，报之以琼琚。匪报也，永以为
hǎo yě
好也。

guó fēng wèi fēng mù guā
——《国风·卫风·木瓜》

bǐ shǔ lí lí bǐ jì zhī miáo xíng mài mǐ mǐ zhōng xīn yáo
9 彼黍离离，彼稷之苗。行迈靡靡，中心摇
yáo zhī wǒ zhě wèi wǒ xīn yōu bù zhī wǒ zhě wèi wǒ hé qiú yōu yōu
摇。知我者谓我心忧，不知我者谓我何求。悠悠
cāng tiān cǐ hé rén zāi
苍天，此何人哉！

guó fēng wáng fēng shǔ lí
——《国风·王风·黍离》

yì yán jiā zhī yǔ zǐ yí zhī yí yán yǐn jiǔ yǔ zǐ xié
10 弋言加之，与子宜之。宜言饮酒，与子偕
lǎo qín sè zài yù mò bú jìng hǎo
老。琴瑟在御，莫不静好。

guó fēng zhèng fēng nǚ yuē jī míng
——《国风·郑风·女曰鸡鸣》

qīng qīng zǐ jīn yōu yōu wǒ xīn zòng wǒ bù wǎng zǐ nìng bú sì
11 青青子衿，悠悠我心。纵我不往，子宁不嗣
yīn qīng qīng zǐ pèi yōu yōu wǒ sī zòng wǒ bù wǎng zǐ nìng bù
音？青青子佩，悠悠我思。纵我不往，子宁不
lái tiāo xī dá xī zài chéng què xī yí rì bú jiàn rú sān
来？挑兮达兮，在城阙兮。一日不见，如三
yuè xī
月兮！

guó fēng zhèng fēng zǐ jīn
——《国风·郑风·子衿》

shuò shǔ shuò shǔ wú shí wǒ shǔ sān suì guàn rǔ mò wǒ kěn
12 硕鼠硕鼠，无食我黍。三岁贯女，莫我肯
gù shì jiāng qù rǔ shì bǐ lè tǔ lè tǔ lè tǔ yuán dé
顾。逝将去女，适彼乐土。乐土乐土，爰得
wǒ suǒ
我所。

guó fēng wèi fēng shuò shǔ
——《国风·魏风·硕鼠》

jiān jiā cāng cāng bái lù wéi shuāng suǒ wèi yī rén zài shuǐ yì
13 蒹葭苍苍，白露为霜。所谓伊人，在水一
fāng sù huí cóng zhī dào zǔ qiě cháng sù yóu cóng zhī wǎn zài shuǐ
方。溯洄从之，道阻且长。溯游从之，宛在水
zhōng yāng
中央。

guó fēng qín fēng jiān jiā
——《国风·秦风·蒹葭》

shī jiū zài sāng qí zǐ zài jí shū rén jūn zǐ qí yí bú
14 鸤鸠在桑，其子在棘。淑人君子，其仪不
tè qí yí bú tè zhèng shì sì guó shī jiū zài sāng qí zǐ zài
忒。其仪不忒，正是四国。鸤鸠在桑，其子在
zhēn shū rén jūn zǐ zhèng shì guó rén zhèng shì guó rén hú bú
榛。淑人君子，正是国人。正是国人，胡不
wàn nián
万年。

guó fēng cáo fēng shī jiū
——《国风·曹风·鸤鸠》

fá mù zhēng zhēng niǎo míng yīng yīng chū zì yōu gǔ qiān yú qiáo
15 伐木丁丁，鸟鸣嘤嘤。出自幽谷，迁于乔
mù yīng qí míng yǐ qiú qí yǒu shēng xiāng bǐ niǎo yǐ yóu qiú yǒu
木。嘤其鸣矣，求其友声。相彼鸟矣，犹求友
shēng shěn yī rén yǐ bù qiú yǒu shēng shén zhī tīng zhī zhōng hé
声。矧伊人矣，不求友生。神之听之，终和
qiě píng
且平。

xiǎo yǎ lù míng zhī shí fá mù
——《小雅·鹿鸣之什·伐木》

xī wǒ wǎng yǐ yáng liǔ yī yī jīn wǒ lái sī yù xuě fēi fēi
16 昔我往矣，杨柳依依。今我来思，雨雪霏霏。
xíng dào chí chí zài kě zài jī wǒ xīn shāng bēi mò zhī wǒ āi
行道迟迟，载渴载饥。我心伤悲，莫知我哀。

xiǎo yǎ lù míng zhī shí cǎi wēi
——《小雅·鹿鸣之什·采薇》

wù qí duō yǐ wéi qí jiā yǐ wù qí zhǐ yǐ wéi qí xié
17 物其多矣，维其嘉矣。物其旨矣，维其偕
yǐ wù qí yǒu yǐ wéi qí shí yǐ
矣。物其有矣，维其时矣。

xiǎo yǎ bái huā zhī shí yú lí
——《小雅·白华之什·鱼丽》

hè míng yú jiǔ gāo shēng wén yú tiān yú zài yú zhǔ huò qián zài
18 鹤鸣于九皋，声闻于天。鱼在于渚，或潜在
yuān lè bǐ zhī yuán yuán yǒu shù tán qí xià wéi gǔ tā shān zhī
渊。乐彼之园，爰有树檀，其下维榖。他山之
shí kě yǐ gōng yù
石，可以攻玉。

xiǎo yǎ tóng gōng zhī shí hè míng
——《小雅·彤弓之什·鹤鸣》

bù gǎn bào hǔ bù gǎn píng hé rén zhī qí yī mò zhī qí
19 不敢暴虎，不敢冯河。人知其一，莫知其
tā zhàn zhàn jīng jīng rú lín shēn yuān rú lǚ bó bīng
他。战战兢兢，如临深渊，如履薄冰。

xiǎo yǎ xiǎo mín zhī shí xiǎo mín
——《小雅·小旻之什·小旻》

lù lù zhě é fěi é yī hāo āi āi fù mǔ shēng wǒ qú
20 蓼蓼者莪，匪莪伊蒿。哀哀父母，生我劬
láo lù lù zhě é fěi é yī wèi āi āi fù mǔ shēng wǒ
劳。蓼蓼者莪，匪莪伊蔚。哀哀父母，生我
láo cuì
劳瘁。

xiǎo yǎ xiǎo mín zhī shí lù é
——《小雅·小旻之什·蓼莪》

xí sāng yǒu ē qí yè yǒu yōu jì jiàn jūn zǐ dé yīn kǒng
21 隰桑有阿，其叶有幽。既见君子，德音孔
jiāo xīn hū ài yǐ xiá bú wèi yǐ zhōng xīn cáng zhī hé rì
胶。心乎爱矣，遐不谓矣？中心藏之，何日
wàng zhī
忘之。

xiǎo yǎ dū rén shì zhī shí xí sāng
——《小雅·都人士之什·隰桑》

wén wáng zài shàng wū zhāo yú tiān zhōu suī jiù bāng qí mìng
22 文王在上，於昭于天。周虽旧邦，其命

维新。

——《大雅·文王之什·文王》

23 无念尔祖，聿修厥德。永言配命，自求多福。殷之未丧师，克配上帝。宜鉴于殷，骏命不易。命之不易，无遏尔躬。宣昭义问，有虞殷自天。上天之载，无声无臭。仪刑文王，万邦作孚。

——《大雅·文王之什·文王》

24 维此王季，帝度其心，貊其德音。其德克明，克明克类，克长克君。王此大邦，克顺克比。比于文王，其德靡悔。既受帝祉，施于孙子。

——《大雅·文王之什·皇矣》

25 帝谓文王：“予怀明德，不大声以色，不长夏以革。不识不知，顺帝之则。”帝谓文王：“询尔仇方，同尔弟兄，以尔钩援，与尔临冲，

yǐ fá chóng yōng
以伐崇墉。”

dà yǎ wén wáng zhī shí huáng yǐ
——《大雅·文王之什·皇矣》

dàng dàng shàng dì xià mín zhī bì jí wēi shàng dì qí mìng duō
26 荡荡上帝，下民之辟。疾威上帝，其命多
pì tiān shēng zhēng mín qí mìng fěi chén mǐ bù yǒu chū xiǎn kè
辟。天生烝民，其命匪谌。靡不有初，鲜克
yǒu zhōng
有终。

dà yǎ dàng zhī shí dàng
——《大雅·荡之什·荡》

shì ěr yǒu jūn zǐ jí róu ěr yán bù xiá yǒu qiān xiàng zài ěr
27 视尔友君子，辑柔尔颜，不遐有愆。相在尔
shì shàng bú kuì yú wū lòu wú yuē bù xiǎn mò yú yún gòu shén
室，尚不愧于屋漏。无曰不显，莫予云觏。神
zhī gé sī bù kě duó sī shěn kě yì sī
之格思，不可度思，矧可射思。

dà yǎ dàng zhī shí yì
——《大雅·荡之什·抑》

tiān shēng zhēng mín yǒu wù yǒu zé mín zhī bǐng yí hào shì yì
28 天生烝民，有物有则。民之秉彝，好是懿
dé tiān jiān yǒu zhōu zhāo gé yú xià bǎo zī tiān zǐ shēng zhòng
德。天监有周，昭假于下。保兹天子，生仲
shān fǔ
山甫。

dà yǎ dàng zhī shí zhēng mín
——《大雅·荡之什·烝民》

jì míng qiě zhé yǐ bǎo qí shēn sù yè fěi xiè yǐ shì yì
29 既明且哲，以保其身。夙夜匪解，以事一
rén rén yì yǒu yán róu zé rú zhī gāng zé tǔ zhī wéi zhòng
人。人亦有言：“柔则茹之，刚则吐之。”维仲

shān fǔ róu yì bù rú gāng yì bù tǔ bù wǔ guān guǎ bú wèi
山甫，柔亦不茹，刚亦不吐。不侮矜寡，不畏
qiáng yù
强御。

dà yǎ dàng zhī shí zhēng mín
——《大雅·荡之什·烝民》

zhèn lù yú fēi yú bǐ xī yōng wǒ kè lì zhǐ yì yǒu sī
30 振鹭于飞，于彼西雍。我客戾止，亦有斯
róng zài bǐ wú wù zài cǐ wú yì shù jī sù yè yǐ yǒng
容。在彼无恶，在此无斁。庶几夙夜，以永
zhōng yù
终誉。

zhōu sòng chén gōng zhī shí zhèn lù
——《周颂·臣工之什·振鹭》

shàng shū

《尚书》（节选）

yuē ruò jī gǔ dì yáo yuē fàng xūn qīn míng wén sī ān ān yǔn

1 曰若稽古帝尧，曰放勋。钦明文思安安，允

gōng kè ràng guāng bèi sì biǎo gé yú shàng xià kè míng jùn dé yǐ qīn

恭克让，光被四表，格于上下。克明俊德，以亲

jiǔ zú jiǔ zú jì mù pián zhāng bǎi xìng bǎi xìng zhāo míng xié hé wàn

九族。九族既睦，平章百姓。百姓昭明，协和万

bāng lí mín yú biàn shì yōng

邦。黎民于变时雍。

yú shū yáo diǎn

——《虞书·尧典》

dì yuē kuí mìng rǔ diǎn yuè jiào zhòu zǐ zhí ér wēn kuān ér

2 帝曰："夔，命汝典乐，教胄子，直而温，宽而

lì gāng ér wú nüè jiǎn ér wú ào shī yán zhì gē yǒng yán shēng yī

栗，刚而无虐，简而无傲。诗言志，歌永言，声依

yǒng lǜ hé shēng bā yīn kè xié wú xiāng duó lún shén rén yǐ hé

永，律和声。八音克谐，无相夺伦，神人以和。"

yú shū shùn diǎn

——《虞书·舜典》

yǔ yuē huì dí jí cóng nì xiōng wéi yǐng xiǎng

3 禹曰："惠迪吉，从逆凶，惟影响。"

yú shū dà yǔ mó

——《虞书·大禹谟》

yǔ yuē wū dì niàn zāi dé wéi shàn zhèng zhèng zài yǎng mín
4 禹曰：“於！帝念哉！德惟善政，政在养民。
shuǐ huǒ jīn mù tǔ gǔ wéi xiū zhèng dé lì yòng hòu shēng wéi hé jiǔ
水火金木土谷惟修，正德、利用、厚生惟和，九
gōng wéi xù jiǔ xù wéi gē jiè zhī yòng xiū dǒng zhī yòng wēi quàn zhī
功惟叙，九叙惟歌。戒之用休，董之用威，劝之
yǐ jiǔ gē bǐ wù huài
以九歌，俾勿坏。”

yú shū dà yǔ mó
——《虞书·大禹谟》

gāo yáo yuē dì dé wǎng qiān lín xià yǐ jiǎn yù zhòng yǐ kuān
5 皋陶曰：“帝德罔愆，临下以简，御众以宽。
fá fú jí sì shǎng yán yú shì yòu guò wú dà xíng gù wú xiǎo zuì
罚弗及嗣，赏延于世。宥过无大，刑故无小。罪
yí wéi qīng gōng yí wéi zhòng yǔ qí shā bù gū nìng shī bù jīng hào
疑惟轻，功疑惟重；与其杀不辜，宁失不经。好
shēng zhī dé qià yú mín xīn zī yòng bú fàn yú yǒu sī
生之德，洽于民心，兹用不犯于有司。”

yú shū dà yǔ mó
——《虞书·大禹谟》

kè qín yú bāng kè jiǎn yú jiā bú zì mǎn jiǎ wéi rǔ xián
6 克勤于邦，克俭于家，不自满假，惟汝贤。
rǔ wéi bù jīn tiān xià mò yǔ rǔ zhēng néng rǔ wéi bù fá tiān xià mò
汝惟不矜，天下莫与汝争能。汝惟不伐，天下莫
yǔ rǔ zhēng gōng yú mào nǎi dé jiā nǎi pī jī tiān zhī lì shù zài rǔ
与汝争功。予懋乃德，嘉乃丕绩，天之历数在汝
gōng rǔ zhōng zhì yuán hòu rén xīn wéi wēi dào xīn wéi wēi wéi jīng wéi
躬，汝终陟元后。人心惟危，道心惟微，惟精惟
yī yǔn zhí jué zhōng
一，允执厥中。

yú shū dà yǔ mó
——《虞书·大禹谟》

yì zàn yú yǔ yuē wéi dé dòng tiān wú yuǎn fú jiè mǎn zhāo
7 益赞于禹曰："惟德动天，无远弗届。满招
sǔn qiān shòu yì shí nǎi tiān dào
损，谦受益，时乃天道。"

yú shū dà yǔ mó
——《虞书·大禹谟》

zhī rén zé zhé néng guān rén ān mín zé huì lí mín huái zhī
8 知人则哲，能官人。安民则惠，黎民怀之。
néng zhé ér huì hé yōu hū huān dōu hé qiān hū yǒu miáo hé wèi hū qiǎo
能哲而惠，何忧乎驩兜？何迁乎有苗？何畏乎巧
yán lìng sè kǒng rén
言令色孔壬？

yú shū gāo yáo mó
——《虞书·皋陶谟》

mào zāi tiān cōng míng zì wǒ mín cōng míng tiān míng wèi zì wǒ mín
9 懋哉天聪明，自我民聪明。天明畏，自我民
míng wēi dá yú shàng xià jìng zāi yǒu tǔ
明威。达于上下，敬哉有土！

yú shū gāo yáo mó
——《虞书·皋陶谟》

qí yī yuē huáng zǔ yǒu xùn mín kě jìn bù kě xià mín
10 其一曰："皇祖有训，民可近，不可下，民
wéi bāng běn běn gù bāng níng yú shì tiān xià yú fū yú fù yī néng
惟邦本，本固邦宁。予视天下，愚夫愚妇，一能
shèng yú
胜予。

xià shū wǔ zǐ zhī gē
——《夏书·五子之歌》

wéi wáng bù ěr shēng sè bù zhí huò lì dé mào mào guān gōng mào
11 惟王不迩声色，不殖货利。德懋懋官，功懋
mào shǎng yòng rén wéi jǐ gǎi guò bú lìn kè kuān kè rén zhāng xìn
懋赏。用人惟己，改过不吝。克宽克仁，彰信

zhào mín
兆民。

shāng shū zhòng huǐ zhī gào
——《商书·仲虺之诰》

dé rì xīn wàn bāng wéi huái zhì zì mǎn jiǔ zú nǎi lí wáng
12 德日新，万邦惟怀。志自满，九族乃离。王
mào zhāo dà dé jiàn zhōng yú mín yǐ yì zhì shì yǐ lǐ zhì xīn
懋昭大德，建中于民，以义制事，以礼制心，
chuí yù hòu kūn yú wén yuē néng zì dé shī zhě wàng wèi rén mò jǐ
垂裕后昆。予闻曰：“能自得师者王，谓人莫己
ruò zhě wáng hào wèn zé yù zì yòng zé xiǎo wū hū shèn jué
若者亡。好问则裕，自用则小。”呜呼！慎厥
zhōng wéi qí shǐ zhí yǒu lǐ fù hūn bào qīn chóng tiān dào yǒng
终，惟其始。殖有礼，覆昏暴。钦崇天道，永
bǎo tiān mìng
保天命。

shāng shū zhòng huǐ zhī gào
——《商书·仲虺之诰》

shèng mó yáng yáng jiā yán kǒng zhāng wéi shàng dì bù cháng zuò shàn
13 圣谟洋洋，嘉言孔彰。惟上帝不常，作善
jiàng zhī bǎi xiáng zuò bú shàn jiàng zhī bǎi yāng ěr wéi dé wǎng xiǎo wàn
降之百祥，作不善降之百殃。尔惟德罔小，万
bāng wéi qìng ěr wéi bù dé wǎng dà zhuì jué zōng
邦惟庆。尔惟不德罔大，坠厥宗。

shāng shū yī xùn
——《商书·伊训》

tiān zuò niè yóu kě wéi zì zuò niè bù kě huàn
14 天作孽，犹可违。自作孽，不可逭。

shāng shū tài jiǎ zhōng
——《商书·太甲中》

wáng mào nǎi dé shì nǎi jué zǔ wú shí yù dài fèng xiān sī
15 王懋乃德，视乃厥祖，无时豫怠。奉先思

xiào jiē xià sī gōng shì yuǎn wéi míng tīng dé wéi cōng
孝，接下思恭。视远惟明，听德惟聪。

shāng shū tài jiǎ zhōng
——《商书·太甲中》

wū hū tiān nán chén mìng mí cháng cháng jué dé bǎo jué wèi
16 呜呼！天难谌，命靡常。常厥德，保厥位。

shāng shū xián yǒu yī dé
——《商书·咸有一德》

jīn sì wáng xīn fú jué mìng wéi xīn jué dé zhōng shǐ wéi yī shí
17 今嗣王新服厥命，惟新厥德。终始惟一，时
nǎi rì xīn rèn guān wéi xián cái zuǒ yòu wéi qí rén chén wèi shàng wéi
乃日新。任官惟贤材，左右惟其人。臣为上为
dé wèi xià wéi mín qí nán qí shèn wéi hé wéi yī dé wú cháng
德，为下为民。其难其慎，惟和惟一。德无常
shī zhǔ shàn wéi shī shàn wú cháng zhǔ xié yú kè yī bǐ wàn xìng
师，主善为师。善无常主，协于克一。俾万姓
xián yuē dà zāi wáng yán yòu yuē yī zāi wáng xīn
咸曰："大哉！王言。"又曰："一哉！王心"。

shāng shū xián yǒu yī dé
——《商书·咸有一德》

tiān yòu xià mín zuò zhī jūn zuò zhī shī wéi qí kè xiàng shàng
18 天佑下民，作之君，作之师，惟其克相上
dì chǒng suí sì fāng yǒu zuì wú zuì yú hé gǎn yǒu yuè jué zhì
帝，宠绥四方。有罪无罪，予曷敢有越厥志？
tóng lì dù dé tóng dé dù yì shòu yǒu chén yì wàn wéi yì wàn xīn
同力度德，同德度义。受有臣亿万，惟亿万心。
yú yǒu chén sān qiān wéi yī xīn shāng zuì guàn yíng tiān mìng zhū zhī
予有臣三千，惟一心。商罪贯盈，天命诛之。

zhōu shū tài shì shàng
——《周书·泰誓上》

suī yǒu zhōu qīn bù rú rén rén tiān shì zì wǒ mín shì tiān tīng
19 虽有周亲，不如仁人。天视自我民视，天听

zì wǒ mín tīng bǎi xìng yǒu guò zài yú yì rén jīn zhèn bì wǎng
自我民听。百姓有过，在予一人，今朕必往。

zhōu shū tài shì zhōng
——《周书·泰誓中》

jiàn guān wéi xián wèi shì wéi néng zhòng mín wǔ jiào wéi shí sāng
20 建官惟贤，位事惟能。重民五教，惟食丧
jì dūn xìn míng yì chóng dé bào gōng chuí gǒng ér tiān xià zhì
祭。惇信明义，崇德报功。垂拱而天下治。

zhōu shū wǔ chéng
——《周书·武成》

gǔn zé jí sǐ yǔ nǎi sì xīng tiān nǎi cì yǔ hóng fàn jiǔ chóu
21 鲧则殛死，禹乃嗣兴，天乃锡禹洪范九畴，
yí lún yōu xù chū yī yuē wǔ xíng cì èr yuē jìng yòng wǔ shì cì sān
彝伦攸叙。初一曰五行，次二曰敬用五事，次三
yuē nóng yòng bā zhèng cì sì yuē xié yòng wǔ jì cì wǔ yuē jiàn yòng huáng
曰农用八政，次四曰协用五纪，次五曰建用皇
jí cì liù yuē yì yòng sān dé cì qī yuē míng yòng jī yí cì bā yuē
极，次六曰乂用三德，次七曰明用稽疑，次八曰
niàn yòng shù zhēng cì jiǔ yuē xiàng yòng wǔ fú wēi yòng liù jí
念用庶征，次九曰向用五福，威用六极。

zhōu shū hóng fàn
——《周书·洪范》

wǔ fú yī yuē shòu èr yuē fù sān yuē kāng níng sì yuē yōu
22 五福：一曰寿，二曰富，三曰康宁，四曰攸
hào dé wǔ yuē kǎo zhōng mìng liù jí yī yuē xiōng duǎn zhé èr yuē
好德，五曰考终命。六极：一曰凶短折，二曰
jí sān yuē yōu sì yuē pín wǔ yuē è liù yuē ruò
疾，三曰忧，四曰贫，五曰恶，六曰弱。

zhōu shū hóng fàn
——《周书·洪范》

wán rén sàng dé wán wù sàng zhì zhì yǐ dào níng yán yǐ dào
23 玩人丧德，玩物丧志。志以道宁，言以道

jiē bú zuò wú yì hài yǒu yì gōng nǎi chéng bú guì yì wù jiàn yòng
接。不作无益害有益，功乃成；不贵异物贱用

wù mín nǎi zú
物，民乃足。

zhōu shū lǚ áo
——《周书·旅獒》

xiǎo rén nán bǎo wǎng jìn nǎi xīn wú kāng hào yì yù nǎi qí yì
24 小人难保。往尽乃心，无康好逸豫，乃其乂

mín wǒ wén yuē yuàn bú zài dà yì bú zài xiǎo huì bú huì
民。我闻曰：“怨不在大，亦不在小，惠不惠，

mào bú mào yǐ rǔ wéi xiǎo zǐ nǎi fú wéi hóng wáng yīng bǎo yīn
懋不懋。”已！汝惟小子，乃服惟弘。王应保殷

mín yì wéi zhù wáng zhái tiān mìng zuò xīn mín
民，亦惟助王宅天命，作新民。

zhōu shū kāng gào
——《周书·康诰》

huáng tiān wú qīn wéi dé shì fǔ mín xīn wú cháng wéi huì zhī
25 皇天无亲，惟德是辅。民心无常，惟惠之

huái wéi shàn bù tóng tóng guī yú zhì wéi è bù tóng tóng guī yú
怀。为善不同，同归于治；为恶不同，同归于

luàn ěr qí jiè zāi shèn jué chū wéi jué zhōng zhōng yǐ bú kùn
乱。尔其戒哉！慎厥初，惟厥终，终以不困。

bù wéi jué zhōng zhōng yǐ kùn qióng mào nǎi yōu jī mù nǎi sì lín
不惟厥终，终以困穷。懋乃攸绩，睦乃四邻，

yǐ fān wáng shì yǐ hé xiōng dì kāng jì xiǎo mín shuài zì zhōng wú
以蕃王室，以和兄弟，康济小民，率自中，无

zuò cōng míng luàn jiù zhāng xiáng nǎi shì tīng wǎng yǐ cè yán gǎi jué dù
作聪明乱旧章。详乃视听，罔以侧言改厥度。

zhōu shū cài zhòng zhī mìng
——《周书·蔡仲之命》

wéi shèng wǎng niàn zuò kuáng wéi kuáng kè niàn zuò shèng tiān wéi wǔ
26 惟圣罔念作狂，惟狂克念作圣。天惟五

nián xū xiá zhī zǐ sūn dàn zuò mín zhǔ wǎng kě niàn tīng tiān wéi qiú
年，须暇之子孙，诞作民主，罔可念听。天惟求
ěr duō fāng dà dòng yǐ wēi kāi jué gù tiān
尔多方，大动以威，开厥顾天。

zhōu shū duō fāng
——《周书·多方》

ěr wéi hóng zhōu gōng pī xùn wú yī shì zuò wēi wú yǐ fǎ yǐ
27 尔惟弘周公丕训，无依势作威，无倚法以
xiāo kuān ér yǒu zhì cóng róng yǐ hé yīn mín zài bì yú yuē bì
削，宽而有制，从容以和。殷民在辟，予曰辟，
ěr wéi wù bì yú yuē yòu ěr wéi wù yòu wéi jué zhōng
尔惟勿辟。予曰宥，尔惟勿宥。惟厥中。

zhōu shū jūn chén
——《周书·君陈》

ěr wú fèn jí yú wán wú qiú bèi yú yī fū bì yǒu rěn qí
28 尔无忿疾于顽，无求备于一夫。必有忍，其
nǎi yǒu jì yǒu róng dé nǎi dà jiǎn jué xiū yì jiǎn qí huò bù xiū
乃有济。有容，德乃大。简厥修，亦简其或不修。
jìn jué liáng yǐ shuài qí huò bù liáng wéi mín xìng hòu yīn wù yǒu qiān
进厥良，以率其或不良。惟民生厚，因物有迁。

zhōu shū jūn chén
——《周书·君陈》

wú tiǎn zǔ kǎo hóng fū wǔ diǎn shì hé mín zé ěr shēn kè
29 无忝祖考，弘敷五典，式和民则。尔身克
zhèng wǎng gǎn fú zhèng mín xīn wǎng zhōng wéi ěr zhī zhōng xià shǔ yǔ
正，罔敢弗正，民心罔中，惟尔之中。夏暑雨，
xiǎo mín wéi yuē yuàn zī dōng qí hán xiǎo mín yì wéi yuē yuàn zī jué wéi
小民惟曰怨咨。冬祁寒，小民亦惟曰怨咨。厥惟
jiān zāi sī qí jiān yǐ tú qí yì mín nǎi níng
艰哉！思其艰以图其易，民乃宁。

zhōu shū jūn yá
——《周书·君牙》

mèi mèi wǒ sī zhī rú yǒu yí jiè chén duàn duàn yī wú tā
30 昧昧我思之，如有一介臣，断断猗，无他
jì qí xīn xiū xiū yān qí rú yǒu róng rén zhī yǒu jì ruò jǐ yǒu
技，其心休休焉，其如有容。人之有技，若己有
zhī rén zhī yàn shèng qí xīn hào zhī bú chì ruò zì qí kǒu chū
之。人之彦圣，其心好之，不啻若自其口出，
shì néng róng zhī yǐ bǎo wǒ zǐ sūn lí mín yì zhí yǒu lì zāi rén zhī
是能容之，以保我子孙黎民，亦职有利哉！人之
yǒu jì mào jí yǐ wù zhī rén zhī yàn shèng ér wéi zhī bǐ bù
有技，冒疾以恶之。人之彦圣，而违之，俾不
dá shì bù néng róng yǐ bù néng bǎo wǒ zǐ sūn lí mín yì yuē dài
达。是不能容，以不能保我子孙黎民，亦曰殆
zāi bāng zhī wù niè yuē yóu yì rén bāng zhī róng huái yì shàng yì
哉！邦之杌陧，曰由一人。邦之荣怀，亦尚一
rén zhī qìng
人之庆。

zhōu shū qín shì
——《周书·秦誓》

lǐ jì
《礼记》（节选）

qū lǐ yuē wú bú jìng yǎn ruò sī ān dìng cí ān mín
1 《曲礼》曰：毋不敬，俨若思，安定辞，安民
zāi ào bù kě zhǎng yù bù kě zòng zhì bù kě mǎn lè bù kě
哉！敖不可长，欲不可从，志不可满，乐不可
jí xián zhě xiá ér jìng zhī wèi ér ài zhī ài ér zhī qí è zēng
极。贤者狎而敬之，畏而爱之。爱而知其恶，憎
ér zhī qí shàn jī ér néng sàn ān ān ér néng qiān lín cái wú gǒu
而知其善。积而能散，安安而能迁。临财毋苟
dé lín nàn wú gǒu miǎn hěn wú qiú shèng fēn wú qiú duō yí shì wú
得，临难毋苟免。很毋求胜，分毋求多。疑事毋
zhì zhí ér wù yǒu
质，直而勿有。

qū lǐ shàng
——《曲礼上》

lǐ cóng yí shǐ cóng sú fú lǐ zhě suǒ yǐ dìng qīn shū jué
2 礼从宜，使从俗。夫礼者，所以定亲疏，决
xián yí bié tóng yì míng shì fēi yě
嫌疑，别同异，明是非也。

qū lǐ shàng
——《曲礼上》

xiū shēn jiàn yán wèi zhī shàn xíng xíng xiū yán dào lǐ zhī zhì yě
3 修身践言，谓之善行。行修言道，礼之质也。

lǐ wén qǔ yú rén bù wén qǔ rén lǐ wén lái xué bù wén wǎng jiāo
礼闻取于人，不闻取人。礼闻来学，不闻往教。

qū lǐ shàng
——《曲礼上》

yīng wǔ néng yán bù lí fēi niǎo xīng xīng néng yán bù lí qín shòu
4 鹦鹉能言，不离飞鸟；猩猩能言，不离禽兽。
jīn rén ér wú lǐ suī néng yán bú yì qín shòu zhī xīn hū fú wéi qín
今人而无礼，虽能言，不亦禽兽之心乎！夫唯禽
shòu wú lǐ gù fù zǐ jù yōu shì gù shèng rén zuò wéi lǐ yǐ jiāo
兽无礼，故父子聚麀。是故圣人作，为礼以教
rén shǐ rén yǐ yǒu lǐ zhī zì bié yú qín shòu
人，使人以有礼，知自别于禽兽。

qū lǐ shàng
——《曲礼上》

gù jūn zǐ yǒu zhōng shēn zhī yōu ér wú yī zhāo zhī huàn gù jì rì
5 故君子有终身之忧，而无一朝之患。故忌日
bú yuè
不乐。

tán gōng shàng
——《檀弓上》

tài fù shěn fù zǐ jūn chén zhī dào yǐ shì zhī shào fù fèng shì zǐ yǐ
6 大傅审父子君臣之道以示之，少傅奉世子以
guān tài fù zhī dé xíng ér shěn yù zhī tài fù zài qián shào fù zài hòu
观大傅之德行而审喻之。大傅在前，少傅在后，
rù zé yǒu bǎo chū zé yǒu shī shì yǐ jiào yù ér dé chéng yě shī yě
入则有保，出则有师，是以教喻而德成也。师也
zhě jiāo zhī yǐ shì ér yù zhū dé zhě yě bǎo yě zhě shèn qí shēn yǐ
者，教之以事而喻诸德者也。保也者，慎其身以
fǔ yì zhī ér guī zhū dào zhě yě
辅翼之而归诸道者也。

wén wáng shì zǐ
——《文王世子》

shì gù zhī wéi rén zǐ rán hòu kě yǐ wéi rén fù zhī wéi rén

7 是故知为人子，然后可以为人父；知为人

chén rán hòu kě yǐ wéi rén jūn zhī shì rén rán hòu néng shǐ rén

臣，然后可以为人君；知事人，然后能使人。

wén wáng shì zǐ

——《文王世子》

dà dào zhī xíng yě tiān xià wéi gōng xuǎn xián jǔ néng jiǎng xìn xiū

8 大道之行也，天下为公，选贤与能，讲信修

mù gù rén bù dú qīn qí qīn bù dú zǐ qí zǐ shǐ lǎo yǒu suǒ

睦。故人不独亲其亲，不独子其子，使老有所

zhōng zhuàng yǒu suǒ yòng yòu yǒu suǒ zhǎng guān guǎ gū dú fèi jí zhě jiē

终，壮有所用，幼有所长，矜寡孤独废疾者皆

yǒu suǒ yǎng nán yǒu fèn nǚ yǒu guī huò wù qí qì yú dì yě bú

有所养，男有分，女有归。货恶其弃于地也，不

bì cáng yú jǐ lì wù qí bù chū yú shēn yě bú bì wéi jǐ shì gù

必藏于己；力恶其不出于身也，不必为己。是故

móu bì ér bù xīng dào qiè luàn zéi ér bú zuò gù wài hù ér bú bì

谋闭而不兴，盗窃乱贼而不作，故外户而不闭。

shì wèi dà tóng

是谓大同。

lǐ yùn

——《礼运》

yǐn shí nán nǚ rén zhī dà yù cún yān sǐ wáng pín kǔ rén zhī

9 饮食男女，人之大欲存焉。死亡贫苦，人之

dà wù cún yān gù yù wù zhě xīn zhī dà duān yě rén cáng qí xīn

大恶存焉。故欲恶者，心之大端也。人藏其心，

bù kě cè duó yě měi wù jiē zài qí xīn bú xiàn qí sè yě yù yī

不可测度也，美恶皆在其心，不见其色也。欲一

yǐ qióng zhī shě lǐ hé yǐ zāi

以穷之，舍礼何以哉！

lǐ yùn

——《礼运》

fā lǜ xiàn qiú shàn liáng zú yǐ xiǎo wén bù zú yǐ dòng zhòng
10 发虑宪，求善良，足以謏闻，不足以动众。
jiù xián tǐ yuǎn zú yǐ dòng zhòng wèi zú yǐ huà mín jūn zǐ rú yù
就贤体远，足以动众，未足以化民。君子如欲
huà mín chéng sú qí bì yóu xué hū yù bù zhuó bù chéng qì rén
化民成俗，其必由学乎！玉不琢，不成器；人
bù xué bù zhī dào shì gù gǔ zhī wáng zhě jiàn guó jūn mín jiào xué
不学，不知道。是故古之王者建国君民，教学
wéi xiān yuè mìng yuē niàn zhōng shǐ diǎn yú xué qí cǐ zhī
为先。《兑命》曰：“念终始典于学。”其此之
wèi hū
谓乎！

xué jì
——《学记》

suī yǒu jiā yáo fú shí bù zhī qí zhǐ yě suī yǒu zhì dào
11 虽有嘉肴，弗食，不知其旨也；虽有至道，
fú xué bù zhī qí shàn yě shì gù xué rán hòu zhī bù zú jiào rán hòu
弗学，不知其善也。是故学然后知不足，教然后
zhī kùn zhī bù zú rán hòu néng zì fǎn yě zhī kùn rán hòu néng zì
知困。知不足，然后能自反也；知困，然后能自
qiáng yě gù yuē jiào xué xiāng zhǎng yě yuè mìng yuē xiào xué
强也。故曰，教学相长也。《兑命》曰：“学学
bàn qí cǐ zhī wèi hū
半。”其此之谓乎。

xué jì
——《学记》

jūn zǐ jì zhī jiào zhī suǒ yóu xīng yòu zhī jiào zhī suǒ yóu fèi rán
12 君子既知教之所由兴，又知教之所由废，然
hòu kě yǐ wéi rén shī yě gù jūn zǐ zhī jiào yù yě dǎo ér fú qiān
后可以为人师也。故君子之教喻也，道而弗牵，
qiǎng ér fú yì kāi ér fú dá dǎo ér fú qiān zé hé qiǎng ér fú yì
强而弗抑，开而弗达。道而弗牵则和，强而弗抑

zé yì kāi ér fú dá zé sī hé yì yǐ sī kě wèi shàn yù yǐ
则易，开而弗达则思。和易以思，可谓善喻矣。

xué jì
——《学记》

xué zhě yǒu sì shī jiào zhě bì zhī zhī rén zhī xué yě huò shī
13 学者有四失，教者必知之。人之学也，或失

zé duō huò shī zé guǎ huò shī zé yì huò shī zé zhǐ cǐ sì
则多，或失则寡，或失则易，或失则止。此四

zhě xīn zhī mò tóng yě zhī qí xīn rán hòu néng jiù qí shī yě jiào
者，心之莫同也。知其心，然后能救其失也。教

yě zhě zhǎng shàn ér jiù qí shī zhě yě
也者，长善而救其失者也。

xué jì
——《学记》

jūn zǐ zhī zhì xué zhī nán yì ér zhī qí měi è rán hòu néng bó
14 君子知至学之难易，而知其美恶，然后能博

yù néng bó yù rán hòu néng wéi shī néng wéi shī rán hòu néng wéi zhǎng
喻。能博喻然后能为师，能为师然后能为长，

néng wéi zhǎng rán hòu néng wéi jūn gù shī yě zhě suǒ yǐ xué wéi jūn yě
能为长然后能为君。故师也者，所以学为君也。

shì gù zé shī bù kě bú shèn yě jì yuē sān wáng sì dài wéi
是故择师不可不慎也。《记》曰：“三王四代唯

qí shī cǐ zhī wèi hū
其师。”此之谓乎！

xué jì
——《学记》

fán xué zhī dào yán shī wéi nán shī yán rán hòu dào zūn dào zūn
15 凡学之道，严师为难。师严然后道尊，道尊

rán hòu mín zhī jìng xué
然后民知敬学。

xué jì
——《学记》

shàn xué zhě shī yì ér gōng bèi yòu cóng ér yōng zhī bú shàn xué
16 善学者，师逸而功倍，又从而庸之。不善学
zhě shī qín ér gōng bàn yòu cóng ér yuàn zhī shàn wèn zhě rú gōng jiān
者，师勤而功半，又从而怨之。善问者，如攻坚
mù xiān qí yì zhě hòu qí jié mù jí qí jiǔ yě xiāng tuō yǐ
木，先其易者，后其节目，及其久也，相说以
jiě bú shàn wèn zhě fǎn cǐ shàn dài wèn zhě rú zhuàng zhōng kòu zhī
解。不善问者反此。善待问者，如撞钟，叩之
yǐ xiǎo zhě zé xiǎo míng kòu zhī yǐ dà zhě zé dà míng dài qí cóng róng
以小者则小鸣，叩之以大者则大鸣，待其从容，
rán hòu jìn qí shēng bú shàn dá wèn zhě fǎn cǐ cǐ jiē jìn xué zhī
然后尽其声。不善答问者反此。此皆进学之
dào yě
道也。

xué jì
——《学记》

fán yīn zhī qǐ yóu rén xīn shēng yě rén xīn zhī dòng wù shǐ zhī
17 凡音之起，由人心生也。人心之动，物使之
rán yě gǎn yú wù ér dòng gù xíng yú shēng shēng xiāng yìng gù shēng
然也。感于物而动，故形于声。声相应，故生
biàn biàn chéng fāng wèi zhī yīn bì yīn ér yuè zhī jí gān qī yǔ
变，变成方，谓之音。比音而乐之，及干戚羽
máo wèi zhī yuè yuè zhě yīn zhī suǒ yóu shēng yě qí běn zài rén
旄，谓之乐。乐者，音之所由生也，其本在人
xīn zhī gǎn yú wù yě
心之感于物也。

yuè jì
——《乐记》

gù lǐ yǐ dǎo qí zhì yuè yǐ hé qí shēng zhèng yǐ yī qí xíng
18 故礼以道其志，乐以和其声，政以一其行，
xíng yǐ fáng qí jiān lǐ yuè xíng zhèng qí jí yī yě suǒ yǐ tóng mín
刑以防其奸。礼乐刑政，其极一也，所以同民

xīn ér chū zhì dào yě
心而出治道也。

yuè jì
——《乐记》

yuè yóu zhōng chū lǐ zì wài zuò yuè yóu zhōng chū gù jìng lǐ
19 乐由中出，礼自外作。乐由中出，故静；礼
zì wài zuò gù wén dà yuè bì yì dà lǐ bì jiǎn yuè zhì zé wú
自外作，故文。大乐必易，大礼必简。乐至则无
yuàn lǐ zhì zé bù zhēng yī ràng ér zhì tiān xià zhě lǐ yuè zhī wèi yě
怨，礼至则不争。揖让而治天下者，礼乐之谓也。

yuè jì
——《乐记》

gù yuē yuè zhě lè yě jūn zǐ lè dé qí dào xiǎo rén
20 故曰："乐者，乐也。"君子乐得其道，小人
lè dé qí yù yǐ dào zhì yù zé lè ér bú luàn yǐ yù wàng dào
乐得其欲。以道制欲，则乐而不乱；以欲忘道，
zé huò ér bú lè shì gù jūn zǐ fǎn qíng yǐ hé qí zhì guǎng yuè yǐ
则惑而不乐。是故君子反情以和其志，广乐以
chéng qí jiào yuè xíng ér mín xiāng fāng kě yǐ guān dé yǐ
成其教。乐行而民乡方，可以观德矣。

yuè jì
——《乐记》

xiào zǐ zhī yǒu shēn ài zhě bì yǒu hé qì yǒu hé qì zhě bì yǒu yú
21 孝子之有深爱者必有和气，有和气者必有愉
sè yǒu yú sè zhě bì yǒu wǎn róng xiào zǐ rú zhí yù rú fèng yíng
色，有愉色者必有婉容。孝子如执玉，如奉盈，
dòng dòng shǔ shǔ rán rú fú shèng rú jiāng shī zhī yán wēi yǎn kè fēi
洞洞属属然如弗胜，如将失之。严威俨恪，非
suǒ yǐ shì qīn yě chéng rén zhī dào yě
所以事亲也，成人之道也。

jì yì
——《祭义》

zǐ xià yuē sān wáng zhī dé sān yú tiān dì gǎn wèn hé rú sī
22 子夏曰：“三王之德参于天地。敢问何如斯
kě wèi sān yú tiān dì yǐ kǒng zǐ yuē fèng sān wú sī yǐ lào tiān
可谓参于天地矣？”孔子曰：“奉三无私以劳天
xià zǐ xià yuē gǎn wèn hé wèi sān wú sī kǒng zǐ yuē
下。”子夏曰：“敢问何谓三无私？”孔子曰：
tiān wú sī fù dì wú sī zài rì yuè wú sī zhào fèng sī sān zhě
“天无私覆，地无私载，日月无私照。奉斯三者
yǐ lào tiān xià cǐ zhī wèi sān wú sī
以劳天下，此之谓三无私。”

kǒng zǐ xián jū
——《孔子闲居》

rú yǒu hé zhì tóng fāng yíng dào tóng shù bìng lì zé lè xiāng xià
23 儒有合志同方，营道同术；并立则乐，相下
bú yàn jiǔ bù xiāng jiàn wén liú yán bú xìn qí xíng běn fāng lì yì
不厌；久不相见，闻流言不信。其行本方立义，
tóng ér jìn bù tóng ér tuì qí jiāo yǒu yǒu rú cǐ zhě
同而进，不同而退。其交友有如此者。

rú xíng
——《儒行》

chéng rén zhī zhě jiāng zé chéng rén lǐ yān yě zé chéng rén lǐ yān
24 成人之者，将责成人礼焉也。责成人礼焉
zhě jiāng zé wéi rén zǐ wéi rén dì wéi rén chén wéi rén shào zhě zhī
者，将责为人子、为人弟、为人臣、为人少者之
lǐ xíng yān jiāng zé sì zhě zhī xíng yú rén qí lǐ kě bú zhòng yú
礼行焉。将责四者之行于人，其礼可不重与？
gù xiào tì zhōng shùn zhī xíng lì ér hòu kě yǐ wéi rén kě yǐ
故孝、弟、忠、顺之行立，而后可以为人，可以
wéi rén ér hòu kě yǐ zhì rén yě gù shèng wáng zhòng lǐ gù yuē guàn
为人而后可以治人也。故圣王重礼。故曰：“冠
zhě lǐ zhī shǐ yě jiā shì zhī zhòng zhě yě
者，礼之始也，嘉事之重者也。”

guàn yì
——《冠义》

25 hūn lǐ zhě jiāng hé èr xìng zhī hǎo shàng yǐ shì zōng miào ér xià
昏礼者，将合二姓之好，上以事宗庙，而下
yǐ jì hòu shì yě gù jūn zǐ zhòng zhī
以继后世也，故君子重之。

hūn yì
——《昏义》

yì jīng
《易经》（节选）

qián yuán hēng lì zhēn
1 乾：元亨利贞。

chū jiǔ qián lóng wù yòng
初九：潜龙勿用。

jiǔ èr xiàn lóng zài tián lì jiàn dà rén
九二：见龙在田，利见大人。

jiǔ sān jūn zǐ zhōng rì qián qián xī tì ruò lì wú jiù
九三：君子终日乾乾，夕惕若，厉无咎。

jiǔ sì huò yuè zài yuān wú jiù
九四：或跃在渊，无咎。

jiǔ wǔ fēi lóng zài tiān lì jiàn dà rén
九五：飞龙在天，利见大人。

shàng jiǔ kàng lóng yǒu huǐ
上九：亢龙有悔。

yòng jiǔ xiàn qún lóng wú shǒu jí
用九：见群龙无首，吉。

tuàn yuē dà zāi qián yuán wàn wù zī shǐ nǎi tǒng tiān yún xíng
彖曰：大哉乾元，万物资始，乃统天。云行

yǔ shī pǐn wù liú xíng dà míng zhōng shǐ liù wèi shí chéng shí chéng liù
雨施，品物流形。大明终始，六位时成，时乘六

lóng yǐ yù tiān qián dào biàn huà gè zhèng xìng mìng bǎo hé tài hé nǎi
龙以御天。乾道变化，各正性命。保合大和，乃

lì zhēn shǒu chū shù wù wàn guó xián níng
利贞。首出庶物，万国咸宁。

xiàng yuē tiān xíng jiàn jūn zǐ yǐ zì qiáng bù xī
象曰：天行健，君子以自强不息。

yì jīng shàng qián guà dì yī
——《易经上·乾卦第一》

2 wén yán yuē yuán zhě shàn zhī zhǎng yě hēng zhě jiā zhī huì
文言曰：元者，善之长也；亨者，嘉之会

yě lì zhě yì zhī hé yě zhēn zhě shì zhī gàn yě jūn zǐ tǐ
也；利者，义之和也；贞者，事之干也。君子体

rén zú yǐ zhǎng rén jiā huì zú yǐ hé lǐ lì wù zú yǐ hé
仁，足以长人；嘉会，足以合礼；利物，足以和

yì zhēn gù zú yǐ gàn shì jūn zǐ xíng cǐ sì dé zhě gù yuē
义；贞固，足以干事。君子行此四德者，故曰：

qián yuán hēng lì zhēn
“乾：元亨利贞。”

yì jīng shàng qián guà dì yī
——《易经上·乾卦第一》

3 kūn yuán hēng lì pìn mǎ zhī zhēn jūn zǐ yǒu yōu wǎng xiān mí
坤：元亨，利牝马之贞。君子有攸往，先迷，

hòu dé zhǔ lì xī nán dé péng dōng běi sàng péng ān zhēn jí
后得，主利。西南得朋，东北丧朋。安贞吉。

tuàn yuē zhì zāi kūn yuán wàn wù zī shēng nǎi shùn chéng tiān kūn
彖曰：至哉坤元，万物资生，乃顺承天。坤

hòu zài wù dé hé wú jiāng hán hóng guāng dà pǐn wù xián hēng pìn mǎ
厚载物，德合无疆。含弘光大，品物咸亨。牝马

dì lèi xíng dì wú jiāng róu shùn lì zhēn jūn zǐ yōu xíng xiān mí shī
地类，行地无疆，柔顺利贞。君子攸行，先迷失

dào hòu shùn dé cháng xī nán dé péng nǎi yǔ lèi xíng dōng běi sàng
道，后顺得常。西南得朋，乃与类行。东北丧

péng nǎi zhōng yǒu qìng ān zhēn zhī jí yìng dì wú jiāng
朋，乃终有庆。安贞之吉，应地无疆。

xiàng yuē dì shì kūn jūn zǐ yǐ hòu dé zài wù
象曰：地势坤，君子以厚德载物。

chū liù lǚ shuāng jiān bīng zhì
初六：履霜，坚冰至。

liù èr zhí fāng dà bù xí wú bú lì
六二：直、方、大，不习无不利。

liù sān hán zhāng kě zhēn huò cóng wáng shì wú chéng yǒu zhōng
六三：含章可贞，或从王事，无成有终。

liù sì kuò náng wú jiù wú yù
六四：括囊，无咎无誉。

liù wǔ huáng cháng yuán jí
六五：黄裳，元吉。

shàng liù lóng zhàn yú yě qí xuè xuán huáng
上六：龙战于野，其血玄黄。

yòng liù lì yǒng zhēn
用六：利永贞。

yì jīng shàng kūn guà dì èr
——《易经上·坤卦第二》

wén yán yuē kūn zhì róu ér dòng yě gāng zhì jìng ér dé fāng hòu dé zhǔ ér yǒu cháng hán wàn wù ér huà guāng kūn dào qí shùn hū chéng tiān ér shí xíng
4 文言曰：坤至柔而动也刚，至静而德方，后得主而有常，含万物而化光。坤道其顺乎！承天而时行。

yì jīng shàng kūn guà dì èr
——《易经上·坤卦第二》

jī shàn zhī jiā bì yǒu yú qìng jī bú shàn zhī jiā bì yǒu yú yāng
5 积善之家，必有余庆。积不善之家，必有余殃。

yì jīng shàng kūn guà dì èr
——《易经上·坤卦第二》

bì hēng xiǎo lì yǒu yōu wǎng tuàn yuē bì hēng róu lái ér
6 贲：亨，小利有攸往。彖曰：贲，亨，柔来而
wén gāng gù hēng fēn gāng shàng ér wén róu gù xiǎo lì yǒu yōu
文刚，故亨。分，刚上而文柔，故“小利有攸
wǎng gāng róu jiāo cuò tiān wén yě wén míng yǐ zhǐ rén wén yě guān
往”。刚柔交错，天文也。文明以止，人文也。观
hū tiān wén yǐ chá shí biàn guān hū rén wén yǐ huà chéng tiān xià xiàng
乎天文，以察时变。观乎人文，以化成天下。象
yuē shān xià yǒu huǒ bì jūn zǐ yǐ míng shù zhèng wú gǎn zhé yù
曰：山下有火，贲。君子以明庶政，无敢折狱。

yì jīng shàng bì guà dì èr shí èr
——《易经上·贲卦第二十二》

tiān dì gé ér sì shí chéng tāng wǔ gé mìng shùn hū tiān ér yìng hū
7 天地革而四时成，汤武革命，顺乎天而应乎
rén gé zhī shí dà yǐ zāi xiàng yuē zé zhōng yǒu huǒ gé jūn zǐ
人。革之时大矣哉。象曰：泽中有火，革。君子
yǐ zhì lì míng shí
以治历明时。

yì jīng xià gé guà dì sì shí jiǔ
——《易经下·革卦第四十九》

tuàn yuē jié hēng gāng róu fēn ér gāng dé zhōng kǔ jié bù kě
8 彖曰：节，亨，刚柔分而刚得中。“苦节不可
zhēn qí dào qióng yě yuè yǐ xíng xiǎn dāng wèi yǐ jié zhōng zhèng yǐ
贞”，其道穷也。说以行险，当位以节，中正以
tōng tiān dì jié ér sì shí chéng jié yǐ zhì dù bù shāng cái bú hài
通。天地节而四时成，节以制度，不伤财，不害
mín xiàng yuē zé shàng yǒu shuǐ jié jūn zǐ yǐ zhì shù dù yì
民。象曰：泽上有水，节。君子以制数度，议
dé xíng
德行。

yì jīng xià jié guà dì liù shí
——《易经下·节卦第六十》

tiān zūn dì bēi qián kūn dìng yǐ bēi gāo yǐ chén guì jiàn wèi yǐ
9 天尊地卑，乾坤定矣。卑高以陈，贵贱位矣。
dòng jìng yǒu cháng gāng róu duàn yǐ fāng yǐ lèi jù wù yǐ qún fēn jí
动静有常，刚柔断矣。方以类聚，物以群分，吉
xiōng shēng yǐ zài tiān chéng xiàng zài dì chéng xíng biàn huà xiàn yǐ shì
凶生矣。在天成象，在地成形，变化见矣。是
gù gāng róu xiāng mó bā guà xiāng dàng gǔ zhī yǐ léi tíng rùn zhī yǐ fēng
故刚柔相摩，八卦相荡。鼓之以雷霆，润之以风
yǔ rì yuè yùn xíng yì hán yì shǔ
雨。日月运行，一寒一暑。

xì cí shàng zhuàn
——《系辞上传》

qián dào chéng nán kūn dào chéng nǚ qián zhī tài shǐ kūn zuò chéng
10 乾道成男，坤道成女。乾知大始，坤作成
wù qián yǐ yì zhī kūn yǐ jiǎn néng yì zé yì zhī jiǎn zé yì
物。乾以易知，坤以简能。易则易知，简则易
cóng yì zhī zé yǒu qīn yì cóng zé yǒu gōng yǒu qīn zé kě jiǔ yǒu
从。易知则有亲，易从则有功。有亲则可久，有
gōng zé kě dà kě jiǔ zé xián rén zhī dé kě dà zé xián rén zhī yè
功则可大。可久则贤人之德，可大则贤人之业。
yì jiǎn ér tiān xià zhī lǐ dé yǐ tiān xià zhī lǐ dé ér chéng wèi hū
易简而天下之理得矣。天下之理得，而成位乎
qí zhōng yǐ
其中矣。

xì cí shàng zhuàn
——《系辞上传》

shèng rén shè guà guān xiàng xì cí yān ér míng jí xiōng gāng róu xiāng
11 圣人设卦观象，系辞焉而明吉凶，刚柔相
tuī ér shēng biàn huà shì gù jí xiōng zhě shī dé zhī xiàng yě huǐ lìn
推而生变化。是故吉凶者，失得之象也。悔吝
zhě yōu yú zhī xiàng yě biàn huà zhě jìn tuì zhī xiàng yě gāng róu
者，忧虞之象也。变化者，进退之象也。刚柔

者，昼夜之象也。六爻之动，三极之道也。

——《系辞上传》

12 易与天地准，故能弥纶天地之道。仰以观于天文，俯以察于地理，是故知幽明之故。原始反终，故知死生之说。精气为物，游魂为变，是故知鬼神之情状。与天地相似，故不违。知周乎万物而道济天下，故不过。旁行而不流，乐天知命，故不忧。安土敦乎仁，故能爱。范围天地之化而不过，曲成万物而不遗，通乎昼夜之道而知，故神无方而易无体。

——《系辞上传》

13 一阴一阳之谓道，继之者善也，成之者性也。仁者见之谓之仁，知者见之谓之知，百姓日用而不知，故君子之道鲜矣。显诸仁，藏诸用，鼓万物而不与圣人同忧，盛德大业至矣哉！富有之谓大业，日新之谓盛德，生生之谓易，成

xiàng zhī wèi qián xiào fǎ zhī wèi kūn jí shù zhī lái zhī wèi zhān tōng
象之谓乾，效法之谓坤，极数知来之谓占，通
biàn zhī wèi shì yīn yáng bú cè zhī wèi shén
变之谓事，阴阳不测之谓神。

xì cí shàng zhuàn
——《系辞上传》

14 zǐ yuē jūn zǐ jū qí shì chū qí yán shàn zé qiān lǐ zhī
子曰："君子居其室，出其言善，则千里之
wài yìng zhī kuàng qí ěr zhě hū jū qí shì chū qí yán bú shàn
外应之，况其迩者乎？居其室，出其言不善，
zé qiān lǐ zhī wài wéi zhī kuàng qí ěr zhě hū yán chū hū shēn jiā
则千里之外违之，况其迩者乎？言出乎身，加
hū mín xíng fā hū ěr xiàn hū yuǎn yán xíng jūn zǐ zhī shū jī
乎民。行发乎迩，见乎远。言行，君子之枢机。
shū jī zhī fā róng rǔ zhī zhǔ yě yán xíng jūn zǐ zhī suǒ yǐ dòng tiān
枢机之发，荣辱之主也。言行，君子之所以动天
dì yě kě bú shèn hū
地也，可不慎乎？"

xì cí shàng zhuàn
——《系辞上传》

15 zǐ yuē jūn zǐ zhī dào huò chū huò chǔ huò mò huò yǔ
子曰："君子之道，或出或处，或默或语。
èr rén tóng xīn qí lì duàn jīn tóng xīn zhī yán qí xiù rú lán
二人同心，其利断金。同心之言，其臭如兰。"

xì cí shàng zhuàn
——《系辞上传》

16 yì wú sī yě wú wéi yě jì rán bú dòng gǎn ér suì tōng tiān
易无思也，无为也，寂然不动，感而遂通天
xià zhī gù fēi tiān xià zhī zhì shén qí shú néng yù yú cǐ fú yì
下之故。非天下之至神，其孰能与于此！夫易，
shèng rén zhī suǒ yǐ jí shēn ér yán jī yě wéi shēn yě gù néng tōng tiān
圣人之所以极深而研几也。唯深也，故能通天

xià zhī zhì wéi jī yě gù néng chéng tiān xià zhī wù wéi shén yě
下之志；唯几也，故能成天下之务。唯神也，

gù bù jí ér sù bù xíng ér zhì zǐ yuē yì yǒu shèng rén zhī dào
故不疾而速，不行而至。子曰：“易有圣人之道

sì yān zhě cǐ zhī wèi yě
四焉”者，此之谓也。

xì cí shàng zhuàn
——《系辞上传》

17 zǐ yuē fú yì hé wéi zhě yě fú yì kāi wù chéng wù
子曰：“夫易，何为者也？夫易，开物成务，

mào tiān xià zhī dào rú sī ér yǐ zhě yě shì gù shèng rén yǐ tōng tiān
冒天下之道，如斯而已者也。”是故圣人以通天

xià zhī zhì yǐ dìng tiān xià zhī yè yǐ duàn tiān xià zhī yí shì gù shī
下之志，以定天下之业，以断天下之疑。是故蓍

zhī dé yuán ér shén guà zhī dé fāng yǐ zhì liù yáo zhī yì yì yǐ gòng
之德圆而神，卦之德方以知，六爻之义易以贡。

shèng rén yǐ cǐ xǐ xīn tuì cáng yú mì jí xiōng yǔ mín tóng huàn shén
圣人以此洗心，退藏于密，吉凶与民同患。神

yǐ zhī lái zhì yǐ cáng wǎng qí shú néng yù yú cǐ zāi
以知来，知以藏往，其孰能与于此哉！

xì cí shàng zhuàn
——《系辞上传》

18 shì gù hé hù wèi zhī kūn pì hù wèi zhī qián yì hé yí pì wèi
是故阖户谓之坤，辟户谓之乾。一阖一辟谓

zhī biàn wǎng lái bù qióng wèi zhī tōng xiàn nǎi wèi zhī xiàng xíng nǎi wèi zhī
之变，往来不穷谓之通。见乃谓之象，形乃谓之

qì zhì ér yòng zhī wèi zhī fǎ lì yòng chū rù mín xián yòng zhī wèi
器。制而用之谓之法，利用出入，民咸用之谓

zhī shén
之神。

xì cí shàng zhuàn
——《系辞上传》

shì gù yì yǒu tài jí shì shēng liǎng yí liǎng yí shēng sì xiàng
19 是故易有太极，是生两仪，两仪生四象，
sì xiàng shēng bā guà bā guà dìng jí xiōng jí xiōng shēng dà yè shì gù
四象生八卦。八卦定吉凶，吉凶生大业。是故
fǎ xiàng mò dà hū tiān dì biàn tōng mò dà hū sì shí xuán xiàng zhù míng
法象莫大乎天地，变通莫大乎四时。县象著明
mò dà hū rì yuè chóng gāo mò dà hū fù guì bèi wù zhì yòng lì
莫大乎日月，崇高莫大乎富贵。备物致用，立
chéng qì yǐ wéi tiān xià lì mò dà hū shèng rén tàn zé suǒ yǐn gōu
成器以为天下利，莫大乎圣人。探赜索隐，钩
shēn zhì yuǎn yǐ dìng tiān xià zhī jí xiōng chéng tiān xià zhī wěi wěi zhě
深致远，以定天下之吉凶，成天下之亹亹者，
mò dà hū shī guī
莫大乎蓍龟。

xì cí shàng zhuàn
——《系辞上传》

shì gù tiān shēng shén wù shèng rén zé zhī tiān dì biàn huà shèng
20 是故天生神物，圣人则之。天地变化，圣
rén xiào zhī tiān chuí xiàng xiàn jí xiōng shèng rén xiàng zhī hé chū tú
人效之。天垂象，见吉凶，圣人象之。河出图，
luò chū shū shèng rén zé zhī
洛出书，圣人则之。

xì cí shàng zhuàn
——《系辞上传》

yì yuē zì tiān yòu zhī jí wú bú lì zǐ yuē yòu
21 易曰：“自天祐之，吉无不利。”子曰：“祐
zhě zhù yě tiān zhī suǒ zhù zhě shùn yě rén zhī suǒ zhù zhě xìn
者，助也。天之所助者，顺也。人之所助者，信
yě lǚ xìn sī hū shùn yòu yǐ shàng xián yě shì yǐ zì tiān yòu
也。履信思乎顺，又以尚贤也，是以‘自天祐
zhī jí wú bú lì yě
之，吉无不利’也。”

xì cí shàng zhuàn
——《系辞上传》

shì gù xíng ér shàng zhě wèi zhī dào xíng ér xià zhě wèi zhī qì
22 是故形而上者谓之道，形而下者谓之器。
huà ér cái zhī wèi zhī biàn tuī ér xíng zhī wèi zhī tōng jǔ ér cuò zhī
化而裁之谓之变，推而行之谓之通，举而错之
tiān xià zhī mín wèi zhī shì yè
天下之民谓之事业。

xì cí shàng zhuàn
——《系辞上传》

bā guà chéng liè xiàng zài qí zhōng yǐ yīn ér chóng zhī yáo zài
23 八卦成列，象在其中矣。因而重之，爻在
qí zhōng yǐ gāng róu xiāng tuī biàn zài qí zhōng yǐ xì cí yān ér mìng
其中矣。刚柔相推，变在其中矣。系辞焉而命
zhī dòng zài qí zhōng yǐ jí xiōng huǐ lìn zhě shēng hū dòng zhě yě
之，动在其中矣。吉凶悔吝者，生乎动者也。
gāng róu zhě lì běn zhě yě biàn tōng zhě qū shí zhě yě jí xiōng
刚柔者，立本者也。变通者，趣时者也。吉凶
zhě zhēn shèng zhě yě tiān dì zhī dào zhēn guān zhě yě rì yuè zhī
者，贞胜者也。天地之道，贞观者也。日月之
dào zhēn míng zhě yě tiān xià zhī dòng zhēn fú yī zhě yě
道，贞明者也。天下之动，贞夫一者也。

xì cí xià zhuàn
——《系辞下传》

tiān dì zhī dà dé yuē shēng shèng rén zhī dà bǎo yuē wèi hé yǐ
24 天地之大德曰生，圣人之大宝曰位，何以
shǒu wèi yuē rén hé yǐ jù rén yuē cái lǐ cái zhèng cí jìn mín wéi
守位曰仁，何以聚人曰财。理财正辞，禁民为
fēi yuē yì
非曰义。

xì cí xià zhuàn
——《系辞下传》

shén nóng shì mò huáng dì yáo shùn shì zuò tōng qí biàn shǐ
25 神农氏没，黄帝、尧、舜氏作，通其变，使

mín bú juàn shén ér huà zhī shǐ mín yí zhī yì qióng zé biàn biàn zé
民不倦，神而化之，使民宜之。易穷则变，变则
tōng tōng zé jiǔ shì yǐ zì tiān yòu zhī jí wú bú lì huáng dì
通，通则久。是以自天祐之，吉无不利。黄帝、
yáo shùn chuí yī cháng ér tiān xià zhì gài qǔ zhū qián kūn
尧、舜，垂衣裳而天下治，盖取诸乾坤。

xì cí xià zhuàn
——《系辞下传》

shàn bù jī bù zú yǐ chéng míng è bù jī bù zú yǐ miè shēn
26 善不积不足以成名；恶不积不足以灭身。
xiǎo rén yǐ xiǎo shàn wéi wú yì ér fú wéi yě yǐ xiǎo è wéi wú shāng ér
小人以小善为无益而弗为也，以小恶为无伤而
fú qù yě gù è jī ér bù kě yǎn zuì dà ér bù kě jiě
弗去也，故恶积而不可掩，罪大而不可解。

xì cí xià zhuàn
——《系辞下传》

zǐ yuē dé bó ér wèi zūn zhì xiǎo ér móu dà lì xiǎo ér
27 子曰：“德薄而位尊，知小而谋大，力小而
rèn zhòng xiǎn bù jí yǐ
任重，鲜不及矣。”

xì cí xià zhuàn
——《系辞下传》

zǐ yuē jūn zǐ ān qí shēn ér hòu dòng yì qí xīn ér hòu yǔ
28 子曰：“君子安其身而后动，易其心而后语，
dìng qí jiāo ér hòu qiú jūn zǐ xiū cǐ sān zhě gù quán yě wēi yǐ
定其交而后求。君子修此三者，故全也。危以
dòng zé mín bù yǔ yě jù yǐ yǔ zé mín bú yìng yě wú jiāo ér
动，则民不与也。惧以语，则民不应也。无交而
qiú zé mín bù yǔ yě mò zhī yǔ zé shāng zhī zhě zhì yǐ
求，则民不与也。莫之与，则伤之者至矣。”

xì cí xià zhuàn
——《系辞下传》

jiāng pàn zhě qí cí cán zhōng xīn yí zhě qí cí zhī jí rén zhī
29 将叛者其辞惭，中心疑者其辞枝。吉人之

cí guǎ zào rén zhī cí duō wū shàn zhī rén qí cí yóu shī qí shǒu zhě
辞寡，躁人之辞多，诬善之人其辞游，失其守者

qí cí qū
其辞屈。

xì cí xià zhuàn
——《系辞下传》

xī zhě shèng rén zhī zuò yì yě yōu zàn yú shén míng ér shēng shī
30 昔者圣人之作易也，幽赞于神明而生著，

sān tiān liǎng dì ér yǐ shù guān biàn yú yīn yáng ér lì guà fā huī yú
参天两地而倚数，观变于阴阳而立卦，发挥于

gāng róu ér shēng yáo hé shùn yú dào dé ér lǐ yú yì qióng lǐ jìn xìng
刚柔而生爻，和顺于道德而理于义，穷理尽性

yǐ zhì yú mìng
以至于命。

shuō guà zhuàn
——《说卦传》

xī zhě shèng rén zhī zuò yì yě jiāng yǐ shùn xìng mìng zhī lǐ shì
31 昔者圣人之作易也，将以顺性命之理，是

yǐ lì tiān zhī dào yuē yīn yǔ yáng lì dì zhī dào yuē róu yǔ gāng lì
以立天之道曰阴与阳，立地之道曰柔与刚，立

rén zhī dào yuē rén yǔ yì jiān sān cái ér liǎng zhī gù yì liù huà ér
人之道曰仁与义。兼三才而两之，故易六画而

chéng guà fēn yīn fēn yáng dié yòng róu gāng gù yì liù wèi ér chéng zhāng
成卦。分阴分阳，迭用柔刚，故易六位而成章。

shuō guà zhuàn
——《说卦传》

léi yǐ dòng zhī fēng yǐ sàn zhī yǔ yǐ rùn zhī rì yǐ xuǎn
32 雷以动之，风以散之，雨以润之，日以烜

zhī gèn yǐ zhǐ zhī duì yǐ yuè zhī qián yǐ jūn zhī kūn yǐ
之，艮以止之，兑以说之，乾以君之，坤以

cáng zhī
藏之。

shuō guà zhuàn
——《说卦传》

yǒu tiān dì rán hòu yǒu wàn wù yǒu wàn wù rán hòu yǒu nán nǚ yǒu
33 有天地然后有万物，有万物然后有男女，有
nán nǚ rán hòu yǒu fū fù yǒu fū fù rán hòu yǒu fù zǐ yǒu fù zǐ
男女然后有夫妇，有夫妇然后有父子，有父子
rán hòu yǒu jūn chén yǒu jūn chén rán hòu yǒu shàng xià yǒu shàng xià rán hòu
然后有君臣，有君臣然后有上下，有上下然后
lǐ yì yǒu suǒ cuò
礼义有所错。

xù guà zhuàn
——《序卦传》

chūn qiū zuǒ zhuàn

《春秋左传》（节选）

gōng yuē jiāng shì yù zhī yān bì hài duì yuē jiāng shì
1 公曰：“姜氏欲之，焉辟害？”对曰：“姜氏
hé yàn zhī yǒu bù rú zǎo wèi zhī suǒ wú shǐ zī màn màn nán tú
何厌之有？不如早为之所，无使滋蔓！蔓，难图
yě màn cǎo yóu bù kě chú kuàng jūn zhī chǒng dì hū gōng yuē
也。蔓草犹不可除，况君之宠弟乎？”公曰：
duō xíng bú yì bì zì bì zǐ gū dài zhī
“多行不义，必自毙，子姑待之。”

yǐn gōng yuán nián
——《隐公元年》

chén wén ài zǐ jiào zhī yǐ yì fāng fú nà yú xié jiāo shē
2 臣闻爱子，教之以义方，弗纳于邪。骄、奢、
yín yì suǒ zì xié yě sì zhě zhī lái chǒng lù guò yě
淫、泆，所自邪也。四者之来，宠禄过也。

yǐn gōng sān nián
——《隐公三年》

fú dé jiǎn ér yǒu dù dēng jiàng yǒu shù wén wù yǐ jì zhī
3 夫德，俭而有度，登降有数，文、物以纪之，
shēng míng yǐ fā zhī yǐ lín zhào bǎi guān bǎi guān yú shì hū jiè jù
声、明以发之，以临照百官。百官于是乎戒惧，
ér bù gǎn yì jì lǜ
而不敢易纪律。

huán gōng èr nián
——《桓公二年》

jì kè gōng wèn qí gù duì yuē fú zhàn yǒng qì yě yì
4 既克，公问其故。对曰：“夫战，勇气也。一
gǔ zuò qì zài ér shuāi sān ér jié bǐ jié wǒ yíng gù kè zhī
鼓作气，再而衰，三而竭。彼竭我盈，故克之。”

zhuāng gōng shí nián
——《庄公十年》

yǔ tāng zuì jǐ qí xīng yě bó yān jié zhòu zuì rén qí
5 禹、汤罪己，其兴也悖焉；桀、纣罪人，其
wáng yě hū yān
亡也忽焉。

zhuāng gōng shí yī nián
——《庄公十一年》

yāo yóu rén xīng yě rén wú xìn yān yāo bú zì zuò rén qì
6 妖由人兴也。人无衅焉，妖不自作。人弃
cháng zé yāo xīng gù yǒu yāo
常，则妖兴，故有妖。

zhuāng gōng shí sì nián
——《庄公十四年》

qìng zhèng yuē bèi shī wú qīn xìng zāi bù rén tān ài
7 庆郑曰：“背施，无亲；幸灾，不仁；贪爱，
bù xiáng nù lín bú yì sì dé jiē shī hé yǐ shǒu guó guó
不祥；怒邻，不义。四德皆失，何以守国？”虢
shè yuē pí zhī bù cún máo jiāng ān fù
射曰：“皮之不存，毛将安傅？”

xī gōng shí sì nián
——《僖公十四年》

qí shèng guǎng yuān míng yǔn dǔ chéng tiān xià zhī
8 齐、圣、广、渊、明、允、笃、诚，天下之
mín wèi zhī bā kǎi zhōng sù gōng yì xuān cí huì hé
民谓之八恺。忠、肃、共、懿、宣、慈、惠、和，
tiān xià zhī mín wèi zhī bā yuán cǐ shí liù zú yě shì jì qí měi bù
天下之民谓之八元。此十六族也，世济其美，不

yǔn qí míng jǔ bā yuán shǐ bù wǔ jiào yú sì fāng fù yì mǔ
陨其名。举八元，使布五教于四方，父义、母
cí xiōng yǒu dì gōng zǐ xiào nèi píng wài chéng
慈、兄友、弟共、子孝，内平、外成。

wén gōng shí bā nián
——《文公十八年》

shàn rén zài shàng zé guó wú xìng mín yàn yuē mín zhī duō xìng
9 善人在上，则国无幸民。谚曰“民之多幸，
guó zhī bú xìng yě shì wú shàn rén zhī wèi yě
国之不幸也”，是无善人之谓也。

xuān gōng shí liù nián
——《宣公十六年》

shī yuē jūn zǐ rú nù luàn shù chuán jǔ jūn zǐ rú
10 《诗》曰：“君子如怒，乱庶遄沮。君子如
zhǐ luàn shù chuán yǐ jūn zǐ zhī xǐ nù yǐ yǐ luàn yě fú yǐ
祉，乱庶遄已。”君子之喜怒，以已乱也。弗已
zhě bì yì zhī
者，必益之。

xuān gōng shí qī nián
——《宣公十七年》

zhòng ní wén zhī yuē xī yě bù rú duō yǔ zhī yì wéi
11 仲尼闻之，曰：“惜也，不如多与之邑。唯
qì yǔ míng bù kě yǐ jiǎ rén jūn zhī suǒ sī yě míng yǐ chū xìn
器与名，不可以假人，君之所司也。名以出信，
xìn yǐ shǒu qì qì yǐ cáng lǐ lǐ yǐ xíng yì yì yǐ shēng lì
信以守器，器以藏礼，礼以行义，义以生利，
lì yǐ píng mín zhèng zhī dà jié yě
利以平民，政之大节也。”

chéng gōng èr nián
——《成公二年》

qián zhì yǒu zhī yuē shèng dá jié cì shǒu jié xià shī jié
12 前志有之曰：“圣达节，次守节，下失节。”

chéng gōng shí wǔ nián
——《成公十五年》

zǐ chǎn yuē zhòng nù nán fàn zhuān yù nán chéng hé èr nán yǐ

13 子产曰："众怒难犯，专欲难成，合二难以

ān guó wēi zhī dào yě

安国，危之道也。"

xiāng gōng shí nián

——《襄公十年》

sòng rén huò dé yù xiàn zhū zǐ hǎn zǐ hǎn fú shòu xiàn yù zhě

14 宋人或得玉，献诸子罕。子罕弗受。献玉者

yuē yǐ shì yù rén yù rén yǐ wéi bǎo yě gù gǎn xiàn zhī

曰："以示玉人，玉人以为宝也，故敢献之。"

zǐ hǎn yuē wǒ yǐ bù tān wéi bǎo ěr yǐ yù wéi bǎo ruò yǐ yǔ

子罕曰："我以不贪为宝，尔以玉为宝。若以与

wǒ jiē sàng bǎo yě bú ruò rén yǒu qí bǎo

我，皆丧宝也，不若人有其宝。"

xiāng gōng shí wǔ nián

——《襄公十五年》

wèn yān yuē gǔ rén yǒu yán yuē sǐ ér bù xiǔ hé wèi

15 问焉，曰："古人有言曰'死而不朽'，何谓

yě lǔ yǒu xiān dà fū yuē zāng wén zhòng jì mò qí yán lì

也？""鲁有先大夫曰臧文仲，既没，其言立，

qí shì zhī wèi hū bào wén zhī tài shàng yǒu lì dé qí cì yǒu lì

其是之谓乎！豹闻之：'大上有立德，其次有立

gōng qí cì yǒu lì yán suī jiǔ bú fèi cǐ zhī wèi bù xiǔ ruò

功，其次有立言。'虽久不废，此之谓不朽。若

fú bǎo xìng shòu shì yǐ shǒu zōng bēng shì bù jué sì wú guó wú zhī

夫保姓受氏，以守宗祊，世不绝祀，无国无之。

lù zhī dà zhě bù kě wèi bù xiǔ

禄之大者，不可谓不朽。"

xiāng gōng èr shí sì nián

——《襄公二十四年》

jūn zǐ zhī xíng sī qí zhōng yě sī qí fù yě shū yuē

16 君子之行，思其终也，思其复也。《书》曰：

shèn shǐ ér jìng zhōng zhōng yǐ bú kùn
“慎始而敬终，终以不困。”

xiāng gōng èr shí wǔ nián
——《襄公二十五年》

zhì yǐ zāi zhí ér bú jù qū ér bù qū ěr ér bù bī
17 至矣哉！直而不倨，曲而不屈，迩而不逼，
yuǎn ér bù xié qiān ér bù yín fù ér bú yàn āi ér bù chóu lè
远而不携，迁而不淫，复而不厌，哀而不愁，乐
ér bù huāng yòng ér bú kuì guǎng ér bù xuān shī ér bú fèi qǔ
而不荒，用而不匮，广而不宣，施而不费，取
ér bù tān chǔ ér bù dǐ xíng ér bù liú wǔ shēng hé bā fēng
而不贪，处而不底，行而不流。五声和，八风
píng jié yǒu dù shǒu yǒu xù shèng dé zhī suǒ tóng yě
平。节有度，守有序，盛德之所同也。

xiāng gōng èr shí jiǔ nián
——《襄公二十九年》

zǐ chǎn yuē hé hài gǒu lì shè jì sǐ shēng yǐ zhī qiě
18 子产曰：“何害？苟利社稷，死生以之。且
wú wén wéi shàn zhě bù gǎi qí dù gù néng yǒu jì yě mín bù kě chěng
吾闻为善者不改其度，故能有济也。民不可逞，
dù bù kě gǎi shī yuē lǐ yì bù qiān hé xù yú rén
度不可改。《诗》曰：‘礼义不愆，何恤于人
yán wú bù qiān yǐ
言？’吾不迁矣。”

zhāo gōng sì nián
——《昭公四年》

kǒng wén zǐ zhī jiāng gōng tài shū yě fǎng yú zhòng ní zhòng ní yuē
19 孔文子之将攻大叔也，访于仲尼。仲尼曰：
hú guǐ zhī shì zé cháng xué zhī yǐ jiǎ bīng zhī shì wèi zhī wén
“胡簋之事，则尝学之矣；甲兵之事，未之闻
yě tuì mìng jià ér xíng yuē niǎo zé zé mù mù qǐ néng
也。”退，命驾而行，曰：“鸟则择木，木岂能

择鸟。”

——《哀公十一年》

20 夏四月己丑，孔丘卒。子赣曰：“君其不没于鲁乎！夫子之言曰：‘礼失则昏，名失则愆。’失志为昏，失所为愆。生不能用，死而诔之，非礼也；称一人，非名也。君两失之。”

——《哀公十六年》

xiào jīng

《孝经》（节选）

zǐ yuē fú xiào dé zhī běn yě jiào zhī suǒ yóu shēng yě
1 子曰：“夫孝，德之本也，教之所由生也。
fù zuò wú yù rǔ shēn tǐ fà fū shòu zhī fù mǔ bù gǎn huǐ
复坐，吾语汝。身体发肤，受之父母，不敢毁
shāng xiào zhī shǐ yě lì shēn xíng dào yáng míng yú hòu shì yǐ xiǎn fù
伤，孝之始也。立身行道，扬名于后世，以显父
mǔ xiào zhī zhōng yě fú xiào shǐ yú shì qīn zhōng yú shì jūn zhōng
母，孝之终也。夫孝，始于事亲，中于事君，终
yú lì shēn
于立身。”

kāi zōng míng yì zhāng dì yī
——《开宗明义章第一》

gù qīn shēng zhī xī xià yǐ yǎng fù mǔ rì yán shèng rén yīn yán yǐ
2 故亲生之膝下，以养父母日严。圣人因严以
jiào jìng yīn qīn yǐ jiào ài shèng rén zhī jiào bú sù ér chéng qí zhèng
教敬，因亲以教爱。圣人之教，不肃而成，其政
bù yán ér zhì qí suǒ yīn zhě běn yě
不严而治，其所因者本也。

shèng zhì zhāng dì jiǔ
——《圣治章第九》

gù bú ài qí qīn ér ài tā rén zhě wèi zhī bèi dé bú jìng qí
3 故不爱其亲而爱他人者，谓之悖德；不敬其

qīn ér jìng tā rén zhě wèi zhī bèi lǐ
亲而敬他人者，谓之悖礼。

shèng zhì zhāng dì jiǔ
——《圣治章第九》

jūn zǐ zé bù rán yán sī kě dào xíng sī kě lè dé yì kě
4 君子则不然，言思可道，行思可乐，德义可

zūn zuò shì kě fǎ róng zhǐ kě guān jìn tuì kě dù yǐ lín qí
尊，作事可法，容止可观，进退可度，以临其

mín shì yǐ qí mín wèi ér ài zhī zé ér xiàng zhī gù néng chéng qí dé
民。是以其民畏而爱之，则而象之。故能成其德

jiào ér xíng qí zhèng lìng
教，而行其政令。

shèng zhì zhāng dì jiǔ
——《圣治章第九》

zǐ yuē xiào zǐ zhī shì qīn yě jū zé zhì qí jìng yǎng zé
5 子曰：“孝子之事亲也，居则致其敬，养则

zhì qí lè bìng zé zhì qí yōu sāng zé zhì qí āi jì zé zhì qí
致其乐，病则致其忧，丧则致其哀，祭则致其

yán wǔ zhě bèi yǐ rán hòu néng shì qīn
严。五者备矣，然后能事亲。”

jì xiào xíng zhāng dì shí
——《纪孝行章第十》

zǐ yuē jiào mín qīn ài mò shàn yú xiào jiào mín lǐ shùn mò
6 子曰：“教民亲爱，莫善于孝；教民礼顺，莫

shàn yú tì yí fēng yì sú mò shàn yú yuè ān shàng zhì mín mò shàn
善于悌；移风易俗，莫善于乐；安上治民，莫善

yú lǐ lǐ zhě jìng ér yǐ yǐ gù jìng qí fù zé zǐ yuè jìng
于礼。礼者，敬而已矣。故敬其父，则子悦；敬

qí xiōng zé dì yuè jìng qí jūn zé chén yuè jìng yì rén ér qiān
其兄，则弟悦；敬其君，则臣悦；敬一人，而千

wàn rén yuè suǒ jìng zhě guǎ ér yuè zhě zhòng cǐ zhī wèi yào dào yě
万人悦。所敬者寡，而悦者众。此之谓要道也。”

guǎng yào dào zhāng dì shí èr
——《广要道章第十二》

zǐ yuē jūn zǐ zhī shì qīn xiào gù zhōng kě yí yú jūn shì
7 子曰："君子之事亲孝，故忠可移于君；事
xiōng tì gù shùn kě yí yú zhǎng jū jiā lǐ gù zhì kě yí yú guān
兄悌，故顺可移于长；居家理，故治可移于官。
shì yǐ xíng chéng yú nèi ér míng lì yú hòu shì yǐ
是以行成于内，而名立于后世矣。"

guǎng yáng míng zhāng dì shí sì
——《广扬名章第十四》

gù dāng bú yì zé zǐ bù kě yǐ bú zhèng yú fù chén bù kě yǐ
8 故当不义，则子不可以不争于父，臣不可以
bú zhèng yú jūn gù dāng bú yì zé zhèng zhī cóng fù zhī lìng yòu yān dé
不争于君。故当不义则争之。从父之令，又焉得
wéi xiào hū
为孝乎！

jiàn zhèng zhāng dì shí wǔ
——《谏诤章第十五》

zǐ yuē jūn zǐ zhī shì shàng yě jìn sī jìn zhōng tuì sī bǔ
9 子曰："君子之事上也，进思尽忠，退思补
guò jiāng shùn qí měi kuāng jiù qí è gù shàng xià néng xiāng qīn yě
过，将顺其美，匡救其恶，故上下能相亲也。"

shì jūn zhāng dì shí qī
——《事君章第十七》

jìn sī lù
《近思录》（节选）

wú jí ér tài jí tài jí dòng ér shēng yáng dòng jí ér jìng jìng ér shēng yīn jìng jí fù dòng yí dòng yí jìng hù wéi qí gēn fēn yīn fēn yáng liǎng yí lì yān yáng biàn yīn hé ér shēng shuǐ huǒ mù jīn tǔ wǔ qì shùn bù sì shí xíng yān

1 无极而太极。太极动而生阳，动极而静，静而生阴，静极复动。一动一静，互为其根，分阴分阳，两仪立焉。阳变阴合，而生水、火、木、金、土。五气顺布，四时行焉。

dào tǐ
——《道体》

wàn wù zhī shēng yì zuì kě guān cǐ yuán zhě shàn zhī zhǎng yě sī suǒ wèi rén yě

2 万物之生意最可观，此“元者，善之长也”，斯所谓仁也。

dào tǐ
——《道体》

wú wàng zhī wèi chéng bù qī qí cì yǐ

3 无妄之谓诚，不欺其次矣。

dào tǐ
——《道体》

xīn shēng dào yě yǒu shì xīn sī jù shì xíng yǐ shēng cè yǐn

4 心，生道也。有是心，斯具是形以生。恻隐

zhī xīn rén zhī shēng dào yě
之心，人之生道也。

dào tǐ
——《道体》

shèng rén zhī dào rù hū ěr cún hū xīn yùn zhī wéi dé xíng
5 圣人之道，入乎耳，存乎心，蕴之为德行，
xíng zhī wéi shì yè bǐ yǐ wén cí ér yǐ zhě lòu yǐ
行之为事业。彼以文辞而已者，陋矣。

wéi xué dà yào
——《为学大要》

jīng suǒ yǐ zài dào yě sòng qí yán cí jiě qí xùn gǔ ér
6 经，所以载道也，诵其言辞，解其训诂，而
bù jí dào nǎi wú yòng zhī zāo pò ěr
不及道，乃无用之糟粕耳。

wéi xué dà yào
——《为学大要》

rén zhī dào yào zhī zhǐ xiāo dào yī gōng zì gōng zhǐ shì rén zhī
7 仁之道，要之只消道一“公”字。公只是仁之
lǐ bù kě jiāng gōng biàn huàn zuò rén gōng ér yǐ rén tǐ zhī gù wéi rén
理，不可将公便唤做仁。公而以人体之，故为仁。

wéi xué dà yào
——《为学大要》

wèi tiān dì lì xīn wèi shēng mín lì dào wèi qù shèng jì jué xué
8 为天地立心，为生民立道，为去圣继绝学，
wèi wàn shì kāi tài píng
为万世开太平。

wéi xué dà yào
——《为学大要》

xīn dà zé bǎi wù jiē tōng xīn xiǎo zé bǎi wù jiē bìng
9 心大则百物皆通，心小则百物皆病。

wéi xué dà yào
——《为学大要》

hé nèi wài píng wù wǒ cǐ jiàn dào zhī dà duān
10 合内外、平物我，此见道之大端。

wéi xué dà yào
——《为学大要》

rú dú lún yǔ jiù shí wèi dú shì zhè gè rén jí dú le
11 如读《论语》，旧时未读是这个人，及读了
hòu lái yòu zhǐ shì zhè gè rén biàn shì bù céng dú yě
后来，又只是这个人，便是不曾读也。

gé wù qióng lǐ
——《格物穷理》

huò wèn shèng kě xué hū lián xī xiān shēng yuē kě yǒu yào
12 或问：圣可学乎？濂溪先生曰：可。有要
hū yuē yǒu qǐng wèn yān yuē yī wéi yào yī zhě wú yù
乎？曰：有。请问焉。曰：一为要。一者，无欲
yě wú yù zé jìng xū dòng zhí jìng xū zé míng míng zé tōng dòng zhí
也，无欲则静虚动直。静虚则明，明则通；动直
zé gōng gōng zé pǔ míng tōng gōng pǔ shù yǐ hū
则公，公则溥。明通公溥，庶矣乎！

cún yǎng
——《存养》

bù néng dòng rén zhǐ shì chéng bú zhì yú shì yàn juàn jiē shì wú
13 不能动人，只是诚不至。于事厌倦，皆是无
chéng chù
诚处。

cún yǎng
——《存养》

bìng wò yú chuáng wěi zhī yōng yī bǐ zhī bù cí bú xiào shì
14 病卧于床，委之庸医，比之不慈不孝。事
qīn zhě yì bù kě bù zhī yī
亲者亦不可不知医。

qí jiā zhī dào
——《齐家之道》

jiào rén zhě yǎng qí shàn xīn ér è zì xiāo zhì mín zhě dǎo zhī
15 教人者，养其善心而恶自消；治民者，导之
jìng ràng ér zhēng zì xī
敬让而争自息。

zhì guó píng tiān xià zhī dào
——《治国平天下之道》

yī chuān xiān shēng shàng shū yuē sān dài zhī shí rén jūn bì yǒu shī
16 伊川先生上疏曰：三代之时，人君必有师、
fù bǎo zhī guān shī dǎo zhī jiào xùn fù fù zhī dé yì
傅、保之官。“师，道之教训；傅，傅之德义；
bǎo bǎo qí shēn tǐ hòu shì zuò shì wú běn zhī qiú zhì ér bù zhī
保，保其身体。”后世作事无本，知求治而不知
zhèng jūn zhī guī guò ér bù zhī yǎng dé
正君，知规过而不知养德。

zhì dù
——《制度》

kè qín xiǎo wù zuì nán
17 “克勤小物”最难。

jūn zǐ chǔ shì zhī fāng
——《君子处事之方》

yī chuān xiān shēng yuē rén wù duō shì huò rén mǐn zhī shì shì
18 伊川先生曰：人恶多事，或人悯之。世事
suī duō jìn shì rén shì rén shì bú jiào rén zuò gèng zé shuí zuò
虽多，尽是人事。人事不教人做，更责谁做？

jūn zǐ chǔ shì zhī fāng
——《君子处事之方》

rén yǒu yù zé wú gāng gāng zé bù qū yú yù
19 人有欲则无刚，刚则不屈于欲。

gǎi guò jí rén xīn bì bìng
——《改过及人心疵病》

suī gōng tiān xià shì ruò yòng sī yì wéi zhī biàn shì sī
20 虽公天下事，若用私意为之，便是私。

gǎi guò jí rén xīn bì bìng
——《改过及人心疵病》

chuán xí lù
《传习录》（节选）

xīn jí lǐ yě tiān xià yòu yǒu xīn wài zhī shì xīn wài zhī lǐ hū
1 心即理也。天下又有心外之事、心外之理乎？

xú ài lù
——《徐爱录》

wèi yǒu zhī ér bù xíng zhě zhī ér bù xíng zhǐ shì wèi zhī
2 未有知而不行者。知而不行，只是未知。

xú ài lù
——《徐爱录》

zhī shì xíng de zhǔ yì xíng shì zhī de gōng fū zhī shì xíng zhī
3 知是行的主意，行是知的功夫；知是行之
shǐ xíng shì zhī zhī chéng
始，行是知之成。

xú ài lù
——《徐爱录》

shēn zhī zhǔ zǎi biàn shì xīn xīn zhī suǒ fā biàn shì yì yì zhī běn
4 身之主宰便是心，心之所发便是意，意之本
tǐ biàn shì zhī yì zhī suǒ zài biàn shì wù
体便是知，意之所在便是物。

xú ài lù
——《徐爱录》

zhī shì xīn zhī běn tǐ xīn zì rán huì zhī jiàn fù zì rán zhī
5 知是心之本体，心自然会知。见父自然知

xiào jiàn xiōng zì rán zhī tì jiàn rú zǐ rù jǐng zì rán zhī cè yǐn cǐ
孝，见兄自然知弟，见孺子入井自然知恻隐。此
biàn shì liáng zhī bù jiǎ wài qiú
便是良知，不假外求。

xú ài lù
——《徐爱录》

xīn yī yě wèi zá yú rén wèi zhī dào xīn zá yǐ rén wěi wèi zhī
6 心一也，未杂于人谓之道心。杂以人伪谓之
rén xīn rén xīn zhī dé qí zhèng zhě jí dào xīn dào xīn zhī shī qí zhèng zhě
人心。人心之得其正者即道心，道心之失其正者
jí rén xīn chū fēi yǒu èr xīn yě
即人心，初非有二心也。

xú ài lù
——《徐爱录》

xiān shēng yuē hào sè zé yì xīn zài hào sè shàng hào huò zé yì
7 先生曰：“好色则一心在好色上，好货则一
xīn zài hào huò shàng kě yǐ wéi zhǔ yī hū shì suǒ wèi zhú wù fēi zhǔ
心在好货上，可以为主一乎？是所谓逐物，非主
yī yě zhǔ yī shì zhuān zhǔ yí gè tiān lǐ
一也。主一是专主一个天理”。

lù chéng lù
——《陆澄录》

zhǐ niàn niàn yào cún tiān lǐ jí shì lì zhì néng bú wàng hū cǐ
8 只念念要存天理，即是立志。能不忘乎此，
jiǔ zé zì rán xīn zhōng níng jù yóu dào jiā suǒ wèi jié shèng tāi yě
久则自然心中凝聚，犹道家所谓“结圣胎”也。
cǐ tiān lǐ zhī niàn cháng cún xùn zhì yú měi dà shèng shén yì zhǐ cóng cǐ
此天理之念常存，驯至于美大圣神，亦只从此
yí niàn cún yǎng kuò chōng qù ěr
一念存养扩充去耳。

lù chéng lù
——《陆澄录》

wèn jìng shí yì jué yì sī hǎo cái yù shì biàn bù tóng rú
9 问："静时亦觉意思好，才遇事便不同，如
hé xiān shēng yuē shì tú zhī jìng yǎng ér bú yòng kè jǐ gōng fū
何？"先生曰："是徒知静养，而不用克己功夫
yě rú cǐ lín shì biàn yào qīng dǎo rén xū zài shì shàng mó fāng lì
也。如此，临事便要倾倒。人须在事上磨，方立
dé zhù fāng néng jìng yì dìng dòng yì dìng
得住，方能'静亦定，动亦定'。"

lù chéng lù
——《陆澄录》

lì zhì yòng gōng rú zhòng shù rán fāng qí gēn yá yóu wèi yǒu
10 立志用功，如种树然。方其根芽，犹未有
gàn jí qí yǒu gàn shàng wèi yǒu zhī zhī ér hòu yè yè ér hòu
干；及其有干，尚未有枝。枝而后叶，叶而后
huā shí chū zhòng gēn shí zhǐ guǎn zāi péi guàn gài wù zuò zhī xiǎng
花、实。初种根时，只管栽培灌溉，勿作枝想，
wù zuò yè xiǎng wù zuò huā xiǎng wù zuò shí xiǎng xuán xiǎng hé yì
勿作叶想，勿作花想，勿作实想，悬想何益？
dàn bú wàng zāi péi zhī gōng pà méi yǒu zhī yè huā shí
但不忘栽培之功，怕没有枝叶花实？

lù chéng lù
——《陆澄录》

xǐng chá shì yǒu shì shí cún yǎng cún yǎng shì wú shì shí xǐng chá
11 省察是有事时存养，存养是无事时省察。

lù chéng lù
——《陆澄录》

xīn yóu jìng yě shèng rén xīn rú míng jìng cháng rén xīn rú hūn jìng
12 心犹镜也。圣人心如明镜，常人心如昏镜。
jìn shì gé wù zhī shuō rú yǐ jìng zhào wù zhào shàng yòng gōng bù zhī
近世格物之说，如以镜照物，照上用功，不知
jìng shàng hūn zài hé néng zhào xiān shēng zhī gé wù rú mó jìng ér shǐ
镜尚昏在，何能照？先生之格物，如磨镜而使

zhī míng mó shàng yòng gōng míng liǎo hòu yì wèi cháng fèi zhào
之明，磨上用功，明了后亦未尝废照。

lù chéng lù
——《陆澄录》

gé zhě zhèng yě zhèng qí bú zhèng yǐ guī yú zhèng yě
13 格者，正也，正其不正以归于正也。

lù chéng lù
——《陆澄录》

tiān dì shēng yì huā cǎo yì bān hé céng yǒu shàn è zhī fēn zǐ
14 天地生意，花草一般，何曾有善恶之分？子
yù guān huā zé yǐ huā wéi shàn yǐ cǎo wéi è rú yù yòng cǎo shí
欲观花，则以花为善，以草为恶。如欲用草时，
fù yǐ cǎo wéi shàn yǐ cǐ děng shàn è jiē yóu rǔ xīn hào wù suǒ shēng
复以草为善矣。此等善恶，皆由汝心好恶所生，
gù zhī shì cuò
故知是错。

xuē kǎn lù
——《薛侃录》

suǒ wèi rǔ xīn yì bù zhuān shì nà yì tuán xuè ròu ruò shì nà
15 所谓汝心，亦不专是那一团血肉。若是那
yì tuán xuè ròu rú jīn yǐ sǐ de rén nà yì tuán xuè ròu hái zài yuán
一团血肉，如今已死的人，那一团血肉还在，缘
hé bù néng shì tīng yán dòng suǒ wèi rǔ xīn què shì nà néng
何不能视、听、言、动？所谓汝心，却是那能
shì tīng yán dòng de zhè gè biàn shì xìng biàn shì tiān lǐ yǒu
视、听、言、动的，这个便是性，便是天理。有
zhè gè xìng cái néng shēng zhè xìng zhī shēng lǐ biàn wèi zhī rén
这个性，才能生这性之生理，便谓之仁。

xuē kǎn lù
——《薛侃录》

jiǔ chuān wò bìng qián zhōu xiān shēng yún bìng wù yì nán gé jué
16 九川卧病虔州。先生云：“病物亦难格，觉

dé rú hé duì yuē gōng fū shèn nán xiān shēng yuē cháng kuài
得如何？”对曰：“功夫甚难。”先生曰：“常快
huó biàn shì gōng fū
活，便是功夫。”

lù jiǔ chuān lù
——《陆九川录》

zhè liáng zhī rén rén jiē yǒu shèng rén zhǐ shì bǎo quán wú xiē zhàng bì
17 这良知人人皆有。圣人只是保全无些障蔽，
jīng jīng yè yè wěi wěi yì yì zì rán bù xī biàn yě shì xué
兢兢业业，亹亹翼翼，自然不息，便也是学。

lù jiǔ chuān lù
——《陆九川录》

rú jīn yú fán fèn zhì děng jiàn zhǐ shì gè wù lái shùn yìng bú yào
18 如今于凡忿懥等件，只是个物来顺应，不要
zháo yì fēn xīn sī biàn xīn tǐ kuò rán dà gōng dé qí běn tǐ zhī
着一分心思，便心体廓然大公，得其本体之
zhèng le
正了。

huáng zhí lù
——《黄直录》

yì yǒu wèn dú shū bú jì de rú hé xiān shēng yuē zhǐ
19 一友问：“读书不记得如何？”先生曰：“只
yào xiǎo de rú hé yào jì de yào xiǎo de yǐ shì luò dì èr yì le
要晓得，如何要记得？要晓得已是落第二义了，
zhǐ yào míng de zì jiā běn tǐ ruò tú yào jì de biàn bù xiǎo de ruò
只要明得自家本体。若徒要记得，便不晓得；若
tú yào xiǎo de biàn míng bù dé zì jiā de běn tǐ
徒要晓得，便明不得自家的本体。”

huáng xǐng céng lù
——《黄省曾录》

nǐ wèi kàn cǐ huā shí cǐ huā yǔ rǔ xīn tóng guī yú jì nǐ lái
20 你未看此花时，此花与汝心同归于寂；你来

kàn cǐ huā shí zé cǐ huā yán sè yì shí míng bái qǐ lái biàn zhī cǐ
看此花时，则此花颜色一时明白起来，便知此
huā bú zài nǐ de xīn wài
花不在你的心外。

qián dé hóng lù
——《钱德洪录》

wú shàn wú è xīn zhī tǐ yǒu shàn yǒu è yì zhī dòng zhī shàn zhī
21 无善无恶心之体，有善有恶意之动。知善知
è shì liáng zhī wéi shàn qù è shì gé wù
恶是良知，为善去恶是格物。

qián dé hóng lù
——《钱德洪录》

佛家经典

xīn jīng
《心经》（节选）

guān zì zài pú sà xíng shēn bō rě bō luó mì duō shí zhào jiàn wǔ
1 观自在菩萨，行深般若波罗蜜多时，照见五
yùn jiē kōng dù yí qiè kǔ è
蕴皆空，度一切苦厄。

sè bú yì kōng kōng bú yì sè sè jí shì kōng kōng jí shì sè
2 色不异空，空不异色，色即是空，空即是色。
shòu xiǎng xíng shí yì fù rú shì
受想行识，亦复如是。

shì zhū fǎ kōng xiāng bù shēng bú miè bú gòu bú jìng bù zēng
3 是诸法空相，不生不灭，不垢不净，不增
bù jiǎn
不减。

shì gù kōng zhōng wú sè wú shòu xiǎng xíng shí wú yǎn ěr bí shé shēn
4 是故空中无色，无受想行识，无眼耳鼻舌身
yì wú sè shēng xiāng wèi chù fǎ wú yǎn jiè nǎi zhì wú yì shí jiè
意，无色声香味触法。无眼界，乃至无意识界。
wú wú míng yì wú wú míng jìn nǎi zhì wú lǎo sǐ yì wú lǎo sǐ
无无明，亦无无明尽，乃至无老死，亦无老死
jìn wú kǔ jí miè dào wú zhì yì wú dé
尽，无苦集灭道。无智亦无得。

yǐ wú suǒ dé gù pú tí sà duǒ yī bō rě bō luó mì duō
5 以无所得故。菩提萨埵，依般若波罗蜜多

gù xīn wú guà ài wú guà ài gù wú yǒu kǒng bù yuǎn lí diān dǎo
故，心无挂碍，无挂碍故，无有恐怖，远离颠倒

mèng xiǎng jiū jìng niè pán
梦想，究竟涅槃。

jīn gāng jīng
《金刚经》（节选）

xū pú tí ruò pú sà yǒu wǒ xiàng rén xiàng zhòng shēng xiàng shòu
1 须菩提，若菩萨有我相、人相、众生相、寿
zhě xiàng jí fēi pú sà
者相，即非菩萨。

dà chéng zhèng zōng fēn dì sān
——《大乘正宗分第三》

xū pú tí pú sà yú fǎ yīng wú suǒ zhù xíng yú bù shī
2 须菩提，菩萨于法，应无所住，行于布施。
suǒ wèi bú zhù sè bù shī bú zhù shēng xiāng wèi chù fǎ bù shī xū pú
所谓不住色布施，不住声香味触法布施。须菩
tí pú sà yīng rú shì bù shī bú zhù yú xiàng hé yǐ gù ruò pú
提，菩萨应如是布施，不住于相。何以故？若菩
sà bú zhù xiàng bù shī qí fú dé bù kě sī liàng
萨不住相布施，其福德不可思量。

miào xíng wú zhù fēn dì sì
——《妙行无住分第四》

fán suǒ yǒu xiàng jiē shì xū wàng ruò jiàn zhū xiàng fēi xiàng zé jiàn
3 凡所有相，皆是虚妄。若见诸相非相，则见
rú lái
如来。

rú lǐ shí jiàn fēn dì wǔ
——《如理实见分第五》

zhī wǒ shuō fǎ rú fá yù zhě fǎ shàng yīng shě hé kuàng fēi fǎ
4 知我说法，如筏喻者，法尚应舍，何况非法。

zhèng xìn xī yǒu fēn dì liù
——《正信希有分第六》

xū pú tí yán rú wǒ jiě fó suǒ shuō yì wú yǒu dìng fǎ míng
5 须菩提言：“如我解佛所说义，无有定法名
ā nòu duō luó sān miǎo sān pú tí yì wú yǒu dìng fǎ rú lái kě shuō
阿耨多罗三藐三菩提，亦无有定法，如来可说。
hé yǐ gù rú lái suǒ shuō fǎ jiē bù kě qǔ bù kě shuō fēi
何以故？如来所说法，皆不可取，不可说，非
fǎ fēi fēi fǎ suǒ yǐ zhě hé yí qiè xián shèng jiē yǐ wú wéi fǎ
法、非非法。所以者何？一切贤圣，皆以无为法
ér yǒu chā bié
而有差别。”

wú dé wú shuō fēn dì qī
——《无得无说分第七》

xū pú tí zhū pú sà mó hē sà yīng rú shì shēng qīng jìng xīn
6 须菩提，诸菩萨摩诃萨，应如是生清净心，
bù yīng zhù sè shēng xīn bù yīng zhù shēng xiāng wèi chù fǎ shēng xīn yīng wú
不应住色生心，不应住声香味触法生心，应无
suǒ zhù ér shēng qí xīn
所住而生其心。

zhuāng yán jìng tǔ fēn dì shí
——《庄严净土分第十》

xū pú tí wǒ jīn shí yán gào rǔ ruò yǒu shàn nán zǐ shàn
7 “须菩提，我今实言告汝：若有善男子、善
nǚ rén yǐ qī bǎo mǎn ěr suǒ héng hé shā shù sān qiān dà qiān shì jiè yǐ
女人，以七宝满尔所恒河沙数三千大千世界，以
yòng bù shī dé fú duō fǒu xū pú tí yán shèn duō shì zūn
用布施，得福多不？”须菩提言：“甚多，世尊。”
fó gào xū pú tí ruò shàn nán zǐ shàn nǚ rén yú cǐ jīng zhōng
佛告须菩提：“若善男子、善女人，于此经中，

nǎi zhì shòu chí sì jù jì děng wèi tā rén shuō ér cǐ fú dé shèng qián
乃至受持四句偈等，为他人说，而此福德，胜前
fú dé
福德。”

wú wéi fú shèng fēn dì shí yī
——《无为福胜分第十一》

zhū wēi chén rú lái shuō fēi wēi chén shì míng wēi chén rú lái shuō
8 诸微尘，如来说非微尘，是名微尘。如来说
shì jiè fēi shì jiè shì míng shì jiè
世界，非世界，是名世界。

rú fǎ shòu chí fēn dì shí sān
——《如法受持分第十三》

ruò fù yǒu rén dé wén shì jīng xìn xīn qīng jìng zé shēng shí xiāng
9 若复有人得闻是经，信心清净，则生实相。
dāng zhī shì rén chéng jiù dì yī xī yǒu gōng dé
当知是人，成就第一希有功德。

lí xiàng jì miè fēn dì shí sì
——《离相寂灭分第十四》

rú lái shì zhēn yǔ zhě shí yǔ zhě rú yǔ zhě bù kuáng yǔ
10 如来是真语者、实语者、如语者、不诳语
zhě bú yì yǔ zhě
者、不异语者。

lí xiàng jì miè fēn dì shí sì
——《离相寂灭分第十四》

shàn nán zǐ shàn nǚ rén fā ā nòu duō luó sān miǎo sān pú tí xīn
11 善男子、善女人，发阿耨多罗三藐三菩提心
zhě dāng shēng rú shì xīn wǒ yīng miè dù yí qiè zhòng shēng miè dù yí
者，当生如是心，我应灭度一切众生。灭度一
qiè zhòng shēng yǐ ér wú yǒu yí zhòng shēng shí miè dù zhě
切众生已，而无有一众生实灭度者。

jiū jìng wú wǒ fēn dì shí qī
——《究竟无我分第十七》

rú lái suǒ dé ā nòu duō luó sān miǎo sān pú tí yú shì zhōng wú
12 如来所得阿耨多罗三藐三菩提，于是中无
shí wú xū shì gù rú lái shuō yí qiè fǎ jiē shì fó fǎ
实无虚，是故如来说，一切法皆是佛法。

jiū jìng wú wǒ fēn dì shí qī
——《究竟无我分第十七》

guò qù xīn bù kě dé xiàn zài xīn bù kě dé wèi lái xīn bù kě dé
13 过去心不可得，现在心不可得，未来心不可得。

yì tǐ tóng guān fēn dì shí bā
——《一体同观分第十八》

shì fǎ píng děng wú yǒu gāo xià shì míng ā nòu duō luó sān miǎo sān
14 是法平等，无有高下。是名阿耨多罗三藐三
pú tí yǐ wú wǒ wú rén wú zhòng shēng wú shòu zhě xiū yí
菩提。以无我、无人、无众生、无寿者，修一
qiè shàn fǎ jí dé ā nòu duō luó sān miǎo sān pú tí
切善法，即得阿耨多罗三藐三菩提。

jìng xīn xíng shàn fēn dì èr shí sān
——《净心行善分第二十三》

ruò yǐ sè jiàn wǒ yǐ yīn shēng qiú wǒ shì rén xíng xié dào bù
15 若以色见我，以音声求我，是人行邪道，不
néng jiàn rú lái
能见如来。

fǎ shēn fēi xiàng fēn dì èr shí liù
——《法身非相分第二十六》

xū pú tí ruò pú sà yǐ mǎn héng hé shā děng shì jiè qī bǎo chí
16 须菩提，若菩萨以满恒河沙等世界七宝，持
yòng bù shī ruò fù yǒu rén zhī yí qiè fǎ wú wǒ dé chéng yú rěn
用布施。若复有人知一切法无我，得成于忍。
cǐ pú sà shèng qián pú sà suǒ dé gōng dé
此菩萨胜前菩萨所得功德。

bú shòu bù tān fēn dì èr shí bā
——《不受不贪分第二十八》

rú lái zhě wú suǒ cóng lái yì wú suǒ qù gù míng rú lái
17 如来者，无所从来，亦无所去，故名如来。

wēi yí jì jìng fēn dì èr shí jiǔ
——《威仪寂静分第二十九》

yí qiè yǒu wéi fǎ rú mèng huàn pào yǐng rú lù yì rú diàn yīng
18 一切有为法，如梦幻泡影，如露亦如电，应

zuò rú shì guān
作如是观。

yīng huà fēi zhēn fēn dì sān shí èr
——《应化非真分第三十二》

tán jīng

《坛经》（节选）

shàn zhī shí pú tí zì xìng běn lái qīng jìng dàn yòng cǐ xīn

1 善知识，菩提自性，本来清净，但用此心，

zhí liǎo chéng fó

直了成佛。

xíng yóu pǐn dì yī

——《行由品第一》

rén suī yǒu nán běi fó xìng běn wú nán běi gé liáo shēn yǔ hé shàng

2 人虽有南北，佛性本无南北，獦獠身与和尚

bù tóng fó xìng yǒu hé chā bié

不同，佛性有何差别？

xíng yóu pǐn dì yī

——《行由品第一》

shì rén shēng sǐ shì dà rǔ děng zhōng rì zhǐ qiú fú tián bù qiú chū

3 世人生死事大，汝等终日只求福田，不求出

lí shēng sǐ kǔ hǎi zì xìng ruò mí fú hé kě jiù

离生死苦海。自性若迷，福何可救？

xíng yóu pǐn dì yī

——《行由品第一》

shēn shì pú tí shù xīn rú míng jìng tái shí shí qín fú shì wù

4 身是菩提树，心如明镜台。时时勤拂拭，勿

shǐ rě chén āi

使惹尘埃。

xíng yóu pǐn dì yī

——《行由品第一》

pú tí běn wú shù míng jìng yì fēi tái běn lái wú yī wù hé
5 菩提本无树，明镜亦非台。本来无一物，何
chù rě chén āi
处惹尘埃。

xíng yóu pǐn dì yī
——《行由品第一》

hé qī zì xìng běn zì qīng jìng hé qī zì xìng běn bù shēng
6 何期自性，本自清净；何期自性，本不生
miè hé qī zì xìng běn zì jù zú hé qī zì xìng běn wú dòng
灭；何期自性，本自具足；何期自性，本无动
yáo hé qī zì xìng néng shēng wàn fǎ
摇；何期自性，能生万法。

xíng yóu pǐn dì yī
——《行由品第一》

bù shí běn xīn xué fǎ wú yì ruò shí zì běn xīn jiàn zì běn
7 不识本心，学法无益。若识自本心，见自本
xìng jí míng zhàng fū tiān rén shī fó
性，即名丈夫、天人师、佛。

xíng yóu pǐn dì yī
——《行由品第一》

míng liáng jiǔ huì néng yún bù sī shàn bù sī è zhèng yǔ
8 明良久。惠能云：“不思善，不思恶，正与
me shí nǎ gè shì míng shàng zuò běn lái miàn mù huì míng yán xià dà wù
么时，那个是明上座本来面目？”惠明言下大悟。

xíng yóu pǐn dì yī
——《行由品第一》

yī sēng yuē fēng dòng yī sēng yuē fān dòng yì lùn bù yǐ huì néng jìn
9 一僧曰风动，一僧曰幡动，议论不已。惠能进
yuē bú shì fēng dòng bú shì fān dòng rén zhě xīn dòng yī zhòng hài rán
曰：“不是风动，不是幡动，仁者心动。”一众骇然。

xíng yóu pǐn dì yī
——《行由品第一》

yī zhě shàn èr zhě bú shàn fó xìng fēi shàn fēi bú shàn shì míng
10 一者善，二者不善，佛性非善非不善，是名
bú èr yùn zhī yǔ jiè fán fū jiàn èr zhì zhě liǎo dá qí xìng wú
不二。蕴之与界，凡夫见二，智者了达其性无
èr wú èr zhī xìng jí shì fó xìng
二，无二之性即是佛性。

xíng yóu pǐn dì yī
——《行由品第一》

shàn zhī shí zì xìng néng hán wàn fǎ shì dà wàn fǎ zài zhū rén xìng
11 善知识！自性能含万法是大，万法在诸人性
zhōng ruò jiàn yí qiè rén è zhī yǔ shàn jìn jiē bù qǔ bù shě yì
中。若见一切人恶之与善，尽皆不取不舍，亦
bù rǎn zhuó xīn rú xū kōng míng zhī wéi dà gù yuē mó hē
不染著，心如虚空，名之为大，故曰摩诃。

bō rě pǐn dì èr
——《般若品第二》

shàn zhī shí xīn liàng guǎng dà biàn zhōu fǎ jiè yòng jí liǎo liǎo
12 善知识！心量广大，遍周法界。用即了了
fēn míng yìng yòng biàn zhī yí qiè yí qiè jí yī yī jí yí qiè qù
分明，应用便知一切。一切即一，一即一切，去
lái zì yóu xīn tǐ wú zhì jí shì bō rě
来自由，心体无滞，即是般若。

bō rě pǐn dì èr
——《般若品第二》

shàn zhī shí fán fū jí fó fán nǎo jí pú tí qián niàn mí jí
13 善知识！凡夫即佛，烦恼即菩提。前念迷即
fán fū hòu niàn wù jí fó qián niàn zhuó jìng jí fán nǎo hòu niàn lí jìng
凡夫，后念悟即佛。前念著境即烦恼，后念离境
jí pú tí
即菩提。

bō rě pǐn dì èr
——《般若品第二》

hé míng wú niàn ruò jiàn yí qiè fǎ xīn bù rǎn zhuó shì wéi wú
14 何名无念？若见一切法，心不染著，是为无
niàn yòng jí biàn yí qiè chù yì bù zhuó yí qiè chù dàn jìng běn xīn
念。用即遍一切处，亦不著一切处。但净本心，
shǐ liù shí chū liù mén yú liù chén zhōng wú rǎn wú zá lái qù zì yóu
使六识出六门，于六尘中无染无杂，来去自由，
tōng yòng wú zhì jí shì bō rě sān mèi zì zài jiě tuō míng wú
通用无滞，即是般若三昧，自在解脱，名无
niàn xíng
念行。

bō rě pǐn dì èr
——《般若品第二》

fó fǎ zài shì jiān bù lí shì jiān jué lí shì mì pú tí qià
15 佛法在世间，不离世间觉；离世觅菩提，恰
rú qiú tù jiǎo
如求兔角。

bō rě pǐn dì èr
——《般若品第二》

nèi xīn qiān xià shì gōng wài xíng yú lǐ shì dé zì xìng jiàn lì wàn
16 内心谦下是功，外行于礼是德。自性建立万
fǎ shì gōng xīn tǐ lí niàn shì dé bù lí zì xìng shì gōng yìng yòng wú
法是功，心体离念是德。不离自性是功，应用无
rǎn shì dé ruò mì gōng dé fǎ shēn dàn yī cǐ zuò shì zhēn gōng dé
染是德。若觅功德法身，但依此作，是真功德。

yí wèn pǐn dì sān
——《疑问品第三》

xīn píng hé láo chí jiè xíng zhí hé yòng xiū chán ēn zé xiào yǎng fù
17 心平何劳持戒，行直何用修禅；恩则孝养父
mǔ yì zé shàng xià xiāng lián
母，义则上下相怜。

yí wèn pǐn dì sān
——《疑问品第三》

dìng shì huì tǐ huì shì dìng yòng jí huì zhī shí dìng zài huì jí
18 定是慧体，慧是定用。即慧之时定在慧，即
dìng zhī shí huì zài dìng ruò shí cǐ yì jí shì dìng huì děng xué
定之时慧在定。若识此义，即是定慧等学。

dìng huì pǐn dì sì
——《定慧品第四》

shàn zhī shí běn lái zhèng jiào wú yǒu dùn jiàn rén xìng zì yǒu lì
19 善知识！本来正教，无有顿渐，人性自有利
dùn mí rén jiàn xiū wù rén dùn qì zì shí běn xīn zì jiàn běn
钝。迷人渐修，悟人顿契，自识本心，自见本
xìng jí wú chā bié suǒ yǐ lì dùn jiàn zhī jiǎ míng
性，即无差别。所以立顿渐之假名。

dìng huì pǐn dì sì
——《定慧品第四》

wǒ cǐ fǎ mén cóng shàng yǐ lái xiān lì wú niàn wéi zōng wú
20 我此法门，从上以来，先立无念为宗，无
xiàng wéi tǐ wú zhù wéi běn
相为体，无住为本。

dìng huì pǐn dì sì
——《定慧品第四》

hé míng chán dìng wài lí xiàng wéi chán nèi bú luàn wéi dìng wài ruò
21 何名禅定？外离相为禅，内不乱为定。外若
zhuó xiàng nèi xīn jí luàn wài ruò lí xiàng xīn jí bú luàn běn xìng
著相，内心即乱。外若离相，心即不乱。本性
zì jìng zì dìng zhǐ wèi jiàn jìng sī jìng jí luàn ruò jiàn zhū jìng xīn bú
自净自定，只为见境思境即乱。若见诸境心不
luàn zhě shì zhēn dìng yě
乱者，是真定也。

zuò chán pǐn dì wǔ
——《坐禅品第五》

yún hé míng chàn yún hé míng huǐ chàn zhě chàn qí qián qiān cóng
22 云何名忏？云何名悔？忏者，忏其前愆。从

qián suǒ yǒu è yè yú mí jiāo kuáng jí dù děng zuì xī jiē jìn chàn
前所有恶业，愚迷骄诳嫉妒等罪，悉皆尽忏，
yǒng bú fù qǐ shì míng wéi chàn huǐ zhě huǐ qí hòu guò cóng jīn yǐ
永不复起，是名为忏。悔者，悔其后过。从今以
hòu suǒ yǒu è yè yú mí jiāo kuáng jí dù děng zuì jīn yǐ jué wù
后，所有恶业，愚迷骄诳嫉妒等罪，今已觉悟，
xī jiē yǒng duàn gèng bú fù zuò shì míng wéi huǐ gù chēng chàn huǐ
悉皆永断，更不复作，是名为悔，故称忏悔。

chàn huǐ pǐn dì liù
——《忏悔品第六》

23 zì xīn zhòng shēng wú biān shì yuàn dù zì xīn fán nǎo wú biān shì yuàn
自心众生无边誓愿度，自心烦恼无边誓愿
duàn zì xìng fǎ mén wú jìn shì yuàn xué zì xìng wú shàng fó dào shì
断，自性法门无尽誓愿学，自性无上佛道誓
yuàn chéng
愿成。

chàn huǐ pǐn dì liù
——《忏悔品第六》

24 quàn shàn zhī shí guī yī zì xìng sān bǎo fó zhě jué yě fǎ
劝善知识，皈依自性三宝。佛者，觉也；法
zhě zhèng yě sēng zhě jìng yě zì xīn guī yī jué xié mí bù
者，正也；僧者，净也。自心皈依觉，邪迷不
shēng shǎo yù zhī zú néng lí cái sè míng liǎng zú zūn zì xīn guī
生，少欲知足，能离财色，名两足尊。自心皈
yī zhèng niàn niàn wú xié jiàn yǐ wú xié jiàn gù jí wú rén wǒ gòng
依正，念念无邪见，以无邪见故，即无人我贡
gāo tān ài zhí zhuó míng lí yù zūn zì xīn guī yī jìng yí qiè chén
高，贪爱执著，名离欲尊。自心皈依净，一切尘
láo ài yù jìng jiè zì xìng jiē bù rǎn zhuó míng zhòng zhōng zūn
劳爱欲境界，自性皆不染著，名众中尊。

chàn huǐ pǐn dì liù
——《忏悔品第六》

jīng yǒu hé guò qǐ zhàng rǔ niàn zhǐ wèi mí wù zài rén sǔn yì
25 经有何过，岂障汝念？只为迷悟在人，损益
yóu jǐ kǒu sòng xīn xíng jí shì zhuǎn jīng kǒu sòng xīn bù xíng jí
由己。口诵心行，即是转经；口诵心不行，即
shì bèi jīng zhuǎn tīng wú jì yuē xīn mí fǎ huá zhuǎn xīn wù zhuǎn fǎ
是被经转。听吾偈曰：心迷法华转，心悟转法
huá sòng jīng jiǔ bù míng yǔ yì zuò chóu jiā
华；诵经久不明，与义作仇家。

jī yuán pǐn dì qī
——《机缘品第七》

dà yuán jìng zhì xìng qīng jìng píng děng xìng zhì xīn wú bìng miào guān chá
26 大圆镜智性清净，平等性智心无病，妙观察
zhì jiàn fēi gōng chéng suǒ zuò zhì tóng yuán jìng
智见非功，成所作智同圆镜。

jī yuán pǐn dì qī
——《机缘品第七》

jiàn wén zhuǎn sòng shì xiǎo chéng wù fǎ jiě yì shì zhōng chéng yī fǎ
27 见闻转诵是小乘，悟法解义是中乘，依法
xiū xíng shì dà chéng wàn fǎ jìn tōng wàn fǎ jù bèi yí qiè bù rǎn
修行是大乘。万法尽通，万法俱备，一切不染，
lí zhū fǎ xiāng yī wú suǒ dé míng zuì shàng chéng
离诸法相，一无所得，名最上乘。

jī yuán pǐn dì qī
——《机缘品第七》

jiàn xìng zhī rén lì yì dé bú lì yì dé qù lái zì yóu
28 见性之人，立亦得，不立亦得。去来自由，
wú zhì wú ài yìng yòng suí zuò yìng yǔ suí dá pǔ jiàn huà shēn bù
无滞无碍。应用随作，应语随答，普见化身，不
lí zì xìng jí dé zì zài shén tōng yóu xì sān mèi shì míng jiàn xìng
离自性，即得自在神通，游戏三昧，是名见性。

dùn jiàn pǐn dì bā
——《顿渐品第八》

29 wú jīn jiào rǔ shuō fǎ bù shī běn zōng xiān xū jǔ sān kē fǎ mén dòng yòng sān shí liù duì chū mò jí lí liǎng biān shuō yí qiè fǎ mò lí zì xìng hū yǒu rén wèn rǔ fǎ chū yǔ jìn shuāng jiē qǔ duì fǎ lái qù xiāng yīn jiū jìng èr fǎ jìn chú gèng wú qù chù

吾今教汝说法，不失本宗。先须举三科法门，动用三十六对，出没即离两边。说一切法，莫离自性。忽有人问汝法，出语尽双，皆取对法，来去相因。究竟二法尽除，更无去处。

fù zhǔ pǐn dì shí
——《付嘱品第十》

30 néng shàn fēn bié xiàng dì yī yì bú dòng dàn zuò rú cǐ jiàn jí shì zhēn rú yòng

能善分别相，第一义不动；但作如此见，即是真如用。

fù zhǔ pǐn dì shí
——《付嘱品第十》

道家经典

dào dé jīng
《道德经》（节选）

dào kě dào fēi cháng dào míng kě míng fēi cháng míng wú míng
1 道可道，非常道；名可名，非常名。无，名
tiān dì zhī shǐ yǒu míng wàn wù zhī mǔ gù cháng wú yù yǐ guān qí
天地之始；有，名万物之母。故常无，欲以观其
miào cháng yǒu yù yǐ guān qí jiào cǐ liǎng zhě tóng chū ér yì míng tóng
妙；常有，欲以观其徼。此两者同出而异名，同
wèi zhī xuán xuán zhī yòu xuán zhòng miào zhī mén
谓之玄，玄之又玄，众妙之门。

dì yī zhāng
——《第一章》

tiān xià jiē zhī měi zhī wéi měi sī è yǐ jiē zhī shàn zhī wéi
2 天下皆知美之为美，斯恶已；皆知善之为
shàn sī bú shàn yǐ gù yǒu wú xiāng shēng nán yì xiāng chéng cháng duǎn
善，斯不善已。故有无相生，难易相成，长短
xiāng jiào gāo xià xiāng qīng yīn shēng xiāng hè qián hòu xiāng suí shì yǐ
相较，高下相倾，音声相和，前后相随。是以
shèng rén chǔ wú wéi zhī shì xíng bù yán zhī jiào wàn wù zuò yān ér bù
圣人处无为之事，行不言之教。万物作焉而不
cí shēng ér bù yǒu wéi ér bú shì gōng chéng ér fú jū fú wéi fú
辞，生而不有，为而不恃，功成而弗居。夫唯弗
jū shì yǐ bú qù
居，是以不去。

dì èr zhāng
——《第二章》

tiān cháng dì jiǔ tiān dì suǒ yǐ néng cháng qiě jiǔ zhě yǐ qí bú zì
3 天长地久。天地所以能长且久者，以其不自
shēng gù néng cháng shēng shì yǐ shèng rén hòu qí shēn ér shēn xiān wài qí
生，故能长生。是以圣人后其身而身先，外其
shēn ér shēn cún fēi yǐ qí wú sī yé gù néng chéng qí sī
身而身存。非以其无私邪？故能成其私。

dì qī zhāng
——《第七章》

shàng shàn ruò shuǐ shuǐ shàn lì wàn wù ér bù zhēng chǔ zhòng rén zhī suǒ
4 上善若水。水善利万物而不争，处众人之所
wù gù jī yú dào jū shàn dì xīn shàn yuān yǔ shàn rén yán shàn
恶，故几于道。居善地，心善渊，与善仁，言善
xìn zhèng shàn zhì shì shàn néng dòng shàn shí fú wéi bù zhēng gù
信，正善治，事善能，动善时。夫唯不争，故
wú yóu
无尤。

dì bā zhāng
——《第八章》

chí ér yíng zhī bù rú qí yǐ zhuī ér ruì zhī bù kě cháng
5 持而盈之，不如其已；揣而锐之，不可长
bǎo jīn yù mǎn táng mò zhī néng shǒu fù guì ér jiāo zì yí qí
保；金玉满堂，莫之能守；富贵而骄，自遗其
jiù gōng suì shēn tuì tiān zhī dào
咎。功遂身退，天之道。

dì jiǔ zhāng
——《第九章》

chǒng rǔ ruò jīng guì dà huàn ruò shēn hé wèi chǒng rǔ ruò jīng chǒng
6 宠辱若惊，贵大患若身。何谓宠辱若惊？宠
wéi shàng rǔ wéi xià dé zhī ruò jīng shī zhī ruò jīng shì wèi chǒng rǔ
为上，辱为下，得之若惊，失之若惊，是谓宠辱
ruò jīng hé wèi guì dà huàn ruò shēn wú suǒ yǐ yǒu dà huàn zhě wèi wú
若惊。何谓贵大患若身？吾所以有大患者，为吾

yǒu shēn jí wú wú shēn wú yǒu hé huàn gù guì yǐ shēn wèi tiān xià
有身，及吾无身，吾有何患？故贵以身为天下，
ruò kě jì tiān xià ài yǐ shēn wèi tiān xià ruò kě tuō tiān xià
若可寄天下；爱以身为天下，若可托天下。

dì shí sān zhāng
——《第十三章》

zhì xū jí shǒu jìng dǔ wàn wù bìng zuò wú yǐ guān fù fú
7 致虚极，守静笃。万物并作，吾以观复。夫
wù yún yún gè fù guī qí gēn guī gēn yuē jìng shì wèi fù mìng fù
物芸芸，各复归其根。归根曰静，是谓复命，复
mìng yuē cháng zhī cháng yuē míng bù zhī cháng wàng zuò xiōng zhī cháng
命曰常，知常曰明。不知常，妄作，凶。知常
róng róng nǎi gōng gōng nǎi wáng wáng nǎi tiān tiān nǎi dào dào nǎi jiǔ
容，容乃公，公乃王，王乃天，天乃道，道乃久，
mò shēn bú dài
没身不殆。

dì shí liù zhāng
——《第十六章》

tài shàng bù zhī yǒu zhī qí cì qīn ér yù zhī qí cì
8 太上，不知有之；其次，亲而誉之；其次，
wèi zhī qí cì wǔ zhī xìn bù zú yān yǒu bú xìn yān yōu xī
畏之；其次，侮之。信不足焉，有不信焉。悠兮
qí guì yán gōng chéng shì suì bǎi xìng jiē wèi wǒ zì rán
其贵言。功成事遂，百姓皆谓“我自然”。

dì shí qī zhāng
——《第十七章》

qū zé quán wǎng zé zhí wā zé yíng bì zé xīn shǎo zé dé
9 曲则全，枉则直；洼则盈，敝则新；少则得，
duō zé huò shì yǐ shèng rén bào yī wéi tiān xià shì bú zì xiàn gù
多则惑。是以圣人抱一为天下式。不自见，故
míng bú zì shì gù zhāng bú zì fá gù yǒu gōng bú zì jīn
明；不自是，故彰；不自伐，故有功；不自矜，

gù cháng fú wéi bù zhēng gù tiān xià mò néng yǔ zhī zhēng gǔ zhī suǒ
故长。夫唯不争，故天下莫能与之争。古之所
wèi qū zé quán zhě qǐ xū yán zāi chéng quán ér guī zhī
谓“曲则全”者，岂虚言哉？诚全而归之。

dì èr shí èr zhāng
——《第二十二章》

xī yán zì rán gù piāo fēng bù zhōng zhāo zhòu yǔ bù zhōng rì
10 希言自然。故飘风不终朝，骤雨不终日。
shú wéi cǐ zhě tiān dì tiān dì shàng bù néng jiǔ ér kuàng yú rén hū
孰为此者？天地。天地尚不能久，而况于人乎？
gù cóng shì yú dào zhě tóng yú dào dé zhě tóng yú dé shī zhě tóng yú shī
故从事于道者同于道，德者同于德，失者同于失。
tóng yú dào zhě dào yì lè dé zhī tóng yú dé zhě dé yì lè dé zhī
同于道者，道亦乐得之；同于德者，德亦乐得之；
tóng yú shī zhě shī yì lè dé zhī xìn bù zú yān yǒu bú xìn yān
同于失者，失亦乐得之。信不足焉，有不信焉。

dì èr shí sān zhāng
——《第二十三章》

yǒu wù hún chéng xiān tiān dì shēng jì xī liáo xī dú lì bù
11 有物混成，先天地生。寂兮寥兮，独立不
gǎi zhōu xíng ér bú dài kě yǐ wéi tiān xià mǔ wú bù zhī qí míng
改，周行而不殆，可以为天下母。吾不知其名，
zì zhī yuē dào qiǎng wéi zhī míng yuē dà dà yuē shì shì yuē
字之曰“道”，强为之名曰“大”。大曰逝，逝曰
yuǎn yuǎn yuē fǎn gù dào dà tiān dà dì dà wáng yì dà yù
远，远曰反。故道大，天大，地大，王亦大。域
zhōng yǒu sì dà ér wáng jū qí yī yān rén fǎ dì dì fǎ tiān tiān
中有四大，而王居其一焉。人法地，地法天，天
fǎ dào dào fǎ zì rán
法道，道法自然。

dì èr shí wǔ zhāng
——《第二十五章》

gù shàn rén zhě bú shàn rén zhī shī bú shàn rén zhě shàn rén zhī
12 故善人者，不善人之师；不善人者，善人之
zī bú guì qí shī bú ài qí zī suī zhì dà mí shì wèi yào miào
资。不贵其师，不爱其资，虽智大迷。是谓要妙。

dì èr shí qī zhāng
——《第二十七章》

zhī qí xióng shǒu qí cí wéi tiān xià xī wéi tiān xià xī cháng
13 知其雄，守其雌，为天下谿。为天下谿，常
dé bù lí fù guī yú yīng ér zhī qí bái shǒu qí hēi wéi tiān xià
德不离，复归于婴儿。知其白，守其黑，为天下
shì wéi tiān xià shì cháng dé bú tè fù guī yú wú jí zhī qí
式。为天下式，常德不忒，复归于无极。知其
róng shǒu qí rǔ wéi tiān xià gǔ wéi tiān xià gǔ cháng dé nǎi zú
荣，守其辱，为天下谷。为天下谷，常德乃足，
fù guī yú pǔ pǔ sàn zé wéi qì shèng rén yòng zhī zé wéi guān zhǎng
复归于朴。朴散则为器，圣人用之则为官长。
gù dà zhì bù gē
故大制不割。

dì èr shí bā zhāng
——《第二十八章》

zhī rén zhě zhì zì zhī zhě míng shèng rén zhě yǒu lì zì shèng
14 知人者智，自知者明。胜人者有力，自胜
zhě qiáng zhī zú zhě fù qiáng xíng zhě yǒu zhì bù shī qí suǒ zhě jiǔ
者强。知足者富，强行者有志。不失其所者久，
sǐ ér bù wáng zhě shòu
死而不亡者寿。

dì sān shí sān zhāng
——《第三十三章》

jiāng yù xī zhī bì gù zhāng zhī jiāng yù ruò zhī bì gù qiáng
15 将欲歙之，必固张之；将欲弱之，必固强
zhī jiāng yù fèi zhī bì gù xīng zhī jiāng yù duó zhī bì gù yǔ
之；将欲废之，必固兴之；将欲夺之，必固与

zhī shì wèi wēi míng róu ruò shèng gāng qiáng yú bù kě tuō yú yuān
之。是谓微明，柔弱胜刚强。鱼不可脱于渊，
guó zhī lì qì bù kě yǐ shì rén
国之利器不可以示人。

dì sān shí liù zhāng
——《第三十六章》

shàng dé bù dé shì yǐ yǒu dé xià dé bù shī dé shì yǐ wú
16 上德不德，是以有德；下德不失德，是以无
dé shàng dé wú wéi ér wú yǐ wéi xià dé wéi zhī ér yǒu yǐ wéi
德。上德无为而无以为，下德为之而有以为。
shàng rén wéi zhī ér wú yǐ wéi shàng yì wéi zhī ér yǒu yǐ wéi shàng lǐ
上仁为之而无以为，上义为之而有以为，上礼
wéi zhī ér mò zhī yìng zé rǎng bì ér rēng zhī gù shī dào ér hòu dé
为之而莫之应，则攘臂而扔之。故失道而后德，
shī dé ér hòu rén shī rén ér hòu yì shī yì ér hòu lǐ fú lǐ
失德而后仁，失仁而后义，失义而后礼。夫礼
zhě zhōng xìn zhī bó ér luàn zhī shǒu qián shí zhě dào zhī huá ér
者，忠信之薄而乱之首。前识者，道之华，而
yú zhī shǐ shì yǐ dà zhàng fū chǔ qí hòu bù jū qí bó chǔ qí
愚之始。是以大丈夫处其厚，不居其薄；处其
shí bù jū qí huá gù qù bǐ qǔ cǐ
实，不居其华。故去彼取此。

dì sān shí bā zhāng
——《第三十八章》

fǎn zhě dào zhī dòng ruò zhě dào zhī yòng tiān xià wàn wù shēng
17 反者，道之动。弱者，道之用。天下万物生
yú yǒu yǒu shēng yú wú
于有，有生于无。

dì sì shí zhāng
——《第四十章》

shàng shì wén dào qín ér xíng zhī zhōng shì wén dào ruò cún ruò
18 上士闻道，勤而行之；中士闻道，若存若

wáng xià shì wén dào dà xiào zhī bú xiào bù zú yǐ wéi dào
亡；下士闻道，大笑之，不笑，不足以为道。

dì sì shí yī zhāng
——《第四十一章》

dào shēng yī yī shēng èr èr shēng sān sān shēng wàn wù wàn
19 道生一，一生二，二生三，三生万物。万
wù fù yīn ér bào yáng chōng qì yǐ wéi hé
物负阴而抱阳，冲气以为和。

dì sì shí èr zhāng
——《第四十二章》

míng yǔ shēn shú qīn shēn yǔ huò shú duō dé yǔ wáng shú bìng shì
20 名与身孰亲？身与货孰多？得与亡孰病？是
gù shèn ài bì dà fèi duō cáng bì hòu wáng zhī zú bù rǔ zhī zhǐ
故甚爱必大费，多藏必厚亡。知足不辱，知止
bú dài kě yǐ cháng jiǔ
不殆，可以长久。

dì sì shí sì zhāng
——《第四十四章》

dà chéng ruò quē qí yòng bú bì dà yíng ruò chōng qí yòng bù
21 大成若缺，其用不弊。大盈若冲，其用不
qióng dà zhí ruò qū dà qiǎo ruò zhuō dà biàn ruò nè zào shèng hán
穷。大直若屈，大巧若拙，大辩若讷。躁胜寒，
jìng shèng rè qīng jìng wéi tiān xià zhèng
静胜热，清静为天下正。

dì sì shí wǔ zhāng
——《第四十五章》

zuì mò dà yú kě yù huò mò dà yú bù zhī zú jiù mò dà yú
22 罪莫大于可欲，祸莫大于不知足，咎莫大于
yù dé gù zhī zú zhī zú cháng zú yǐ
欲得。故知足之足，常足矣。

dì sì shí liù zhāng
——《第四十六章》

wéi xué rì yì wéi dào rì sǔn sǔn zhī yòu sǔn yǐ zhì yú wú
23 为学日益，为道日损，损之又损，以至于无
wéi wú wéi ér wú bù wéi qǔ tiān xià cháng yǐ wú shì jí qí yǒu
为。无为而无不为。取天下常以无事，及其有
shì bù zú yǐ qǔ tiān xià
事，不足以取天下。

dì sì shí bā zhāng
——《第四十八章》

shèng rén wú cháng xīn yǐ bǎi xìng xīn wéi xīn shàn zhě wú shàn
24 圣人无常心，以百姓心为心。善者，吾善
zhī bú shàn zhě wú yì shàn zhī dé shàn xìn zhě wú xìn zhī
之；不善者，吾亦善之，德善。信者，吾信之；
bú xìn zhě wú yì xìn zhī dé xìn shèng rén zài tiān xià xī xī
不信者，吾亦信之，德信。圣人在天下，歙歙
wéi tiān xià hún qí xīn bǎi xìng jiē zhù qí ěr mù shèng rén jiē hái zhī
为天下浑其心，百姓皆注其耳目，圣人皆孩之。

dì sì shí jiǔ zhāng
——《第四十九章》

dào shēng zhī dé xù zhī wù xíng zhī shì chéng zhī shì yǐ
25 道生之，德畜之，物形之，势成之。是以
wàn wù mò bù zūn dào ér guì dé dào zhī zūn dé zhī guì fú mò
万物莫不尊道而贵德。道之尊，德之贵，夫莫
zhī mìng ér cháng zì rán gù dào shēng zhī dé xù zhī zhǎng zhī yù zhī
之命而常自然。故道生之，德畜之，长之育之，
tíng zhī dú zhī yǎng zhī fù zhī shēng ér bù yǒu wéi ér bú shì
亭之毒之，养之覆之。生而不有，为而不恃，
zhǎng ér bù zǎi shì wèi xuán dé
长而不宰。是谓玄德。

dì wǔ shí yī zhāng
——《第五十一章》

xiū zhī yú shēn qí dé nǎi zhēn xiū zhī yú jiā qí dé nǎi
26 修之于身，其德乃真；修之于家，其德乃

yú xiū zhī yú xiāng qí dé nǎi cháng xiū zhī yú guó qí dé nǎi
余；修之于乡，其德乃长；修之于国，其德乃
fēng xiū zhī yú tiān xià qí dé nǎi pǔ gù yǐ shēn guān shēn yǐ jiā
丰；修之于天下，其德乃普。故以身观身，以家
guān jiā yǐ xiāng guān xiāng yǐ guó guān guó yǐ tiān xià guān tiān xià
观家，以乡观乡，以国观国，以天下观天下。

dì wǔ shí sì zhāng
——《第五十四章》

zhì zhě bù yán yán zhě bú zhì sè qí duì bì qí mén cuò
27 知者不言，言者不知。塞其兑，闭其门；挫
qí ruì jiě qí fēn hé qí guāng tóng qí chén shì wèi xuán tóng
其锐，解其纷；和其光，同其尘。是谓玄同。
gù bù kě dé ér qīn bù kě dé ér shū bù kě dé ér lì bù kě
故不可得而亲，不可得而疏；不可得而利，不可
dé ér hài bù kě dé ér guì bù kě dé ér jiàn gù wéi tiān
得而害；不可得而贵，不可得而贱。故为天
xià guì
下贵。

dì wǔ shí liù zhāng
——《第五十六章》

yǐ zhèng zhì guó yǐ qí yòng bīng yǐ wú shì qǔ tiān xià
28 以正治国，以奇用兵，以无事取天下。

dì wǔ shí qī zhāng
——《第五十七章》

huò xī fú zhī suǒ yǐ fú xī huò zhī suǒ fú
29 祸兮福之所倚，福兮祸之所伏。

dì wǔ shí bā zhāng
——《第五十八章》

zhì dà guó ruò pēng xiǎo xiān yǐ dào lì tiān xià qí guǐ bù shén
30 治大国若烹小鲜。以道莅天下，其鬼不神。
fēi qí guǐ bù shén qí shén bù shāng rén fēi qí shén bù shāng rén shèng
非其鬼不神，其神不伤人。非其神不伤人，圣

rén yì bù shāng rén fú liǎng bù xiāng shāng gù dé jiāo guī yān
人亦不伤人。夫两不相伤，故德交归焉。

dì liù shí zhāng
——《第六十章》

wéi wú wéi shì wú shì wèi wú wèi dà xiǎo duō shǎo bào yuàn
31 为无为，事无事，味无味，大小多少，报怨
yǐ dé tú nán yú qí yì wéi dà yú qí xì tiān xià nán shì bì zuò
以德。图难于其易，为大于其细。天下难事必作
yú yì tiān xià dà shì bì zuò yú xì shì yǐ shèng rén zhōng bù wéi dà
于易，天下大事必作于细。是以圣人终不为大，
gù néng chéng qí dà fú qīng nuò bì guǎ xìn duō yì bì duō nán shì
故能成其大。夫轻诺必寡信，多易必多难。是
yǐ shèng rén yóu nán zhī gù zhōng wú nán yǐ
以圣人犹难之，故终无难矣。

dì liù shí sān zhāng
——《第六十三章》

qí ān yì chí qí wèi zhào yì móu qí cuì yì pàn qí wēi yì
32 其安易持，其未兆易谋，其脆易泮，其微易
sàn wéi zhī yú wèi yǒu zhì zhī yú wèi luàn hé bào zhī mù shēng yú háo
散。为之于未有，治之于未乱。合抱之木，生于毫
mò jiǔ céng zhī tái qǐ yú lěi tǔ qiān lǐ zhī xíng shǐ yú zú xià
末；九层之台，起于累土；千里之行，始于足下。

dì liù shí sì zhāng
——《第六十四章》

jiāng hǎi suǒ yǐ néng wéi bǎi gǔ wáng zhě yǐ qí shàn xià zhī gù néng
33 江海所以能为百谷王者，以其善下之，故能
wéi bǎi gǔ wáng shì yǐ yù shàng mín bì yǐ yán xià zhī yù xiān mín
为百谷王。是以欲上民，必以言下之；欲先民，
bì yǐ shēn hòu zhī shì yǐ shèng rén chǔ shàng ér mín bú zhòng chǔ qián ér
必以身后之。是以圣人处上而民不重，处前而
mín bú hài shì yǐ tiān xià lè tuī ér bú yàn yǐ qí bù zhēng gù
民不害。是以天下乐推而不厌。以其不争，故

tiān xià mò néng yǔ zhī zhēng
天下莫能与之争。

dì liù shí liù zhāng
——《第六十六章》

wǒ yǒu sān bǎo chí ér bǎo zhī yī yuē cí èr yuē jiǎn sān
34 我有三宝，持而保之：一曰慈，二曰俭，三
yuē bù gǎn wéi tiān xià xiān cí gù néng yǒng jiǎn gù néng guǎng
曰不敢为天下先。慈，故能勇；俭，故能广；
bù gǎn wéi tiān xià xiān gù néng chéng qì zhǎng jīn shě cí qiě yǒng shě
不敢为天下先，故能成器长。今舍慈且勇，舍
jiǎn qiě guǎng shě hòu qiě xiān sǐ yǐ fú cí yǐ zhàn zé shèng
俭且广，舍后且先，死矣。夫慈，以战则胜，
yǐ shǒu zé gù tiān jiāng jiù zhī yǐ cí wèi zhī
以守则固。天将救之，以慈卫之。

dì liù shí qī zhāng
——《第六十七章》

tiān zhī dào qí yóu zhāng gōng yú gāo zhě yì zhī xià zhě jǔ
35 天之道，其犹张弓与？高者抑之，下者举
zhī yǒu yú zhě sǔn zhī bù zú zhě bǔ zhī tiān zhī dào sǔn yǒu yú
之；有余者损之，不足者补之。天之道，损有余
ér bǔ bù zú rén zhī dào zé bù rán sǔn bù zú yǐ fèng yǒu yú shú
而补不足；人之道则不然，损不足以奉有余。孰
néng yǒu yú yǐ fèng tiān xià wéi yǒu dào zhě shì yǐ shèng rén wéi ér bú
能有余以奉天下？唯有道者。是以圣人为而不
shì gōng chéng ér bù chǔ qí bú yù xiàn xián
恃，功成而不处，其不欲见贤。

dì qī shí qī zhāng
——《第七十七章》

tiān zhī dào lì ér bú hài shèng rén zhī dào wéi ér bù zhēng
36 天之道，利而不害；圣人之道，为而不争。

dì bā shí yī zhāng
——《第八十一章》

zhuāng zǐ

《庄子》（节选）

běi míng yǒu yú qí míng wéi kūn kūn zhī dà bù zhī qí jǐ qiān
1 北冥有鱼，其名为鲲。鲲之大，不知其几千
lǐ yě huà ér wéi niǎo qí míng wéi péng péng zhī bèi bù zhī qí jǐ
里也。化而为鸟，其名为鹏。鹏之背，不知其几
qiān lǐ yě nù ér fēi qí yì ruò chuí tiān zhī yún shì niǎo yě hǎi
千里也；怒而飞，其翼若垂天之云。是鸟也，海
yùn zé jiāng xǐ yú nán míng nán míng zhě tiān chí yě
运则将徙于南冥。南冥者，天池也。

nèi piān xiāo yáo yóu
——《内篇·逍遥游》

xiǎo zhì bù jí dà zhì xiǎo nián bù jí dà nián xī yǐ zhī qí rán yě
2 小知不及大知，小年不及大年。奚以知其然也？
zhāo jūn bù zhī huì shuò huì gū bù zhī chūn qiū cǐ xiǎo nián yě chǔ zhī nán
朝菌不知晦朔，蟪蛄不知春秋，此小年也。楚之南
yǒu míng líng zhě yǐ wǔ bǎi suì wéi chūn wǔ bǎi suì wéi qiū shàng gǔ yǒu dà
有冥灵者，以五百岁为春，五百岁为秋；上古有大
chūn zhě yǐ bā qiān suì wéi chūn bā qiān suì wéi qiū cǐ dà nián yě ér
椿者，以八千岁为春，八千岁为秋，此大年也。而
péng zǔ nǎi jīn yǐ jiǔ tè wén zhòng rén pǐ zhī bú yì bēi hū
彭祖乃今以久特闻，众人匹之，不亦悲乎！

nèi piān xiāo yáo yóu
——《内篇·逍遥游》

ruò fú chéng tiān dì zhī zhèng ér yù liù qì zhī biàn yǐ yóu wú qióng
3 若夫乘天地之正，而御六气之辩，以游无穷
zhě bǐ qiě wū hū dài zāi gù yuē zhì rén wú jǐ shén rén wú
者，彼且恶乎待哉！故曰，至人无己，神人无
gōng shèng rén wú míng
功，圣人无名。

nèi piān xiāo yáo yóu
——《内篇·逍遥游》

tiān xià mò dà yú qiū háo zhī mò ér tài shān wéi xiǎo mò shòu yú
4 天下莫大于秋毫之末，而大山为小；莫寿于
shāng zǐ ér péng zǔ wéi yāo tiān dì yǔ wǒ bìng shēng ér wàn wù yǔ wǒ
殇子，而彭祖为夭。天地与我并生，而万物与我
wéi yī
为一。

nèi piān qí wù lùn
——《内篇·齐物论》

fú dào wèi shǐ yǒu fēng yán wèi shǐ yǒu cháng wèi shì ér yǒu zhěn
5 夫道未始有封，言未始有常，为是而有畛
yě qǐng yán qí zhěn yǒu zuǒ yǒu yòu yǒu lún yǒu yì yǒu fēn
也，请言其畛：有左，有右，有伦，有义，有分，
yǒu biàn yǒu jìng yǒu zhēng cǐ zhī wèi bā dé liù hé zhī wài shèng
有辩，有竞，有争，此之谓八德。六合之外，圣
rén cún ér bú lùn liù hé zhī nèi shèng rén lùn ér bú yì chūn qiū jīng
人存而不论；六合之内，圣人论而不议。春秋经
shì xiān wáng zhī zhì shèng rén yì ér bú biàn
世先王之志，圣人议而不辩。

nèi piān qí wù lùn
——《内篇·齐物论》

xī zhě zhuāng zhōu mèng wéi hú dié xǔ xǔ rán hú dié yě zì yù shì
6 昔者庄周梦为胡蝶，栩栩然胡蝶也，自喻适
zhì yú bù zhī zhōu yě é rán jué zé qú qú rán zhōu yě bù zhī
志与！不知周也。俄然觉，则蘧蘧然周也。不知

zhōu zhī mèng wéi hú dié yú hú dié zhī mèng wéi zhōu yú zhōu yǔ hú dié
周之梦为胡蝶与，胡蝶之梦为周与？周与胡蝶，
zé bì yǒu fēn yǐ cǐ zhī wèi wù huà
则必有分矣。此之谓物化。

nèi piān qí wù lùn
——《内篇·齐物论》

wú shēng yě yǒu yá ér zhī yě wú yá yǐ yǒu yá suí wú yá
7 吾生也有涯，而知也无涯。以有涯随无涯，
dài yǐ yǐ ér wéi zhī zhě dài ér yǐ yǐ wéi shàn wú jìn míng wéi
殆已；已而为知者，殆而已矣。为善无近名，为
è wú jìn xíng yuán dū yǐ wéi jīng kě yǐ bǎo shēn kě yǐ quán xìng
恶无近刑。缘督以为经，可以保身，可以全生，
kě yǐ yǎng qīn kě yǐ jìn nián
可以养亲，可以尽年。

nèi piān yǎng shēng zhǔ
——《内篇·养生主》

chén zhī suǒ hào zhě dào yě jìn hū jì yǐ shǐ chén zhī jiě niú zhī
8 臣之所好者道也，进乎技矣。始臣之解牛之
shí suǒ jiàn wú fēi quán niú zhě sān nián zhī hòu wèi cháng jiàn quán niú
时，所见无非全牛者。三年之后，未尝见全牛
yě fāng jīn zhī shí chén yǐ shén yù ér bù yǐ mù shì guān zhī zhǐ ér
也。方今之时，臣以神遇而不以目视，官知止而
shén yù xíng yī hū tiān lǐ pī dà xì dǎo dà kuǎn yīn qí gù
神欲行。依乎天理，批大郤，导大窾，因其固
rán jì jīng kěn qìng zhī wèi cháng ér kuàng dà gū hū
然，技经肯綮之未尝，而况大軱乎！

nèi piān yǎng shēng zhǔ
——《内篇·养生主》

huí yuē gǎn wèn xīn zhāi zhòng ní yuē ruò yī zhì wú
9 回曰：“敢问心斋。”仲尼曰：“若一志，无
tīng zhī yǐ ěr ér tīng zhī yǐ xīn wú tīng zhī yǐ xīn ér tīng zhī yǐ qì
听之以耳而听之以心，无听之以心而听之以气！

tīng zhǐ yú ěr xīn zhǐ yú fú qì yě zhě xū ér dài wù zhě yě
听止于耳，心止于符。气也者，虚而待物者也。
wéi dào jí xū xū zhě xīn zhāi yě
唯道集虚。虚者，心斋也。”

nèi piān rén jiān shì
——《内篇·人间世》

gǒu wéi bù zhī qí rán yě shú zhī qí suǒ zhōng gù fǎ yán yuē
10 苟为不知其然也，孰知其所终！故法言曰：
wú qiān lìng wú quàn chéng guò dù yì yě qiān lìng quàn chéng dài shì
“无迁令，无劝成，过度益也。”迁令劝成殆事。
měi chéng zài jiǔ è chéng bù jí gǎi kě bú shèn yú qiě fú chéng wù
美成在久，恶成不及改，可不慎与！且夫乘物
yǐ yóu xīn tuō bù dé yǐ yǐ yǎng zhōng zhì yǐ
以游心，托不得已以养中，至矣。

nèi piān rén jiān shì
——《内篇·人间世》

gǔ zhī zhēn rén qí qǐn bú mèng qí jué wú yōu qí shí bù
11 古之真人，其寝不梦，其觉无忧，其食不
gān qí xī shēn shēn zhēn rén zhī xī yǐ zhǒng zhòng rén zhī xī yǐ hóu
甘，其息深深。真人之息以踵，众人之息以喉。
qū fú zhě qí yì yán ruò wā qí shì yù shēn zhě qí tiān jī qiǎn
屈服者，其嗌言若哇。其耆欲深者，其天机浅 。

nèi piān dà zōng shī
——《内篇·大宗师》

yán huí yuē huí yì yǐ zhòng ní yuē hé wèi yě
12 颜回曰：“回益矣。”仲尼曰：“何谓也？”
yuē huí wàng rén yì yǐ yuē kě yǐ yóu wèi yě tā
曰：“回忘仁义矣。”曰：“可矣，犹未也。”他
rì fù jiàn yuē huí yì yǐ yuē hé wèi yě yuē
日，复见，曰：“回益矣。”曰：“何谓也？”曰：
huí wàng lǐ yuè yǐ yuē kě yǐ yóu wèi yě tā rì
“回忘礼乐矣。”曰：“可矣，犹未也。”他日，

复见，曰："回益矣。"曰："何谓也？"曰："回坐忘矣。"仲尼蹴然曰："何谓坐忘？"颜回曰："堕肢体，黜聪明，离形去知，同于大通，此谓坐忘。"仲尼曰："同则无好也，化则无常也。而果其贤乎！丘也请从而后也。"

——《内篇·大宗师》

13 自三代以下者，天下莫不以物易其性矣。小人则以身殉利，士则以身殉名，大夫则以身殉家，圣人则以身殉天下。故此数子者，事业不同，名声异号，其于伤性以身为殉，一也。

——《外篇·骈拇》

14 故通于天地者，德也；行于万物者，道也；上治人者，事也；能有所艺者，技也。技兼于事，事兼于义，义兼于德，德兼于道，道兼于天。

——《外篇·天地》

15 世之所贵道者，书也。书不过语，语有贵

yě yǔ zhī suǒ guì zhě yì yě yì yǒu suǒ suí yì zhī suǒ suí zhě
也。语之所贵者意也，意有所随。意之所随者，
bù kě yán chuán yě ér shì yīn guì yán chuán shū shì suī guì zhī wǒ
不可言传也，而世因贵言传书。世虽贵之，我
yóu bù zú guì yě wéi qí guì fēi qí guì yě
犹不足贵也，为其贵非其贵也。

wài piān tiān dào
——《外篇·天道》

gù fú sān huáng wǔ dì zhī lǐ yì fǎ dù bù jīn yú tóng ér
16 故夫三皇五帝之礼义法度，不矜于同，而
jīn yú zhì gù pì sān huáng wǔ dì zhī lǐ yì fǎ dù qí yóu zhā lí
矜于治。故譬三皇五帝之礼义法度，其犹柤梨
jú yòu yé qí wèi xiāng fǎn ér jiē kě yú kǒu gù lǐ yì fǎ dù zhě
橘柚邪！其味相反而皆可于口。故礼义法度者，
yīng shí ér biàn zhě yě
应时而变者也。

wài piān tiān yùn
——《外篇·天运》

zhī dào zhě bì dá yú lǐ dá yú lǐ zhě bì míng yú quán míng yú
17 知道者必达于理，达于理者必明于权，明于
quán zhě bù yǐ wù hài jǐ zhì dé zhě huǒ fú néng rè shuǐ fú néng
权者不以物害己。至德者，火弗能热，水弗能
nì hán shǔ fú néng hài qín shòu fú néng zéi fēi wèi qí bó zhī yě
溺，寒暑弗能害，禽兽弗能贼。非谓其薄之也，
yán chá hū ān wēi níng yú huò fú jǐn yú qù jiù mò zhī néng
言察乎安危，宁于祸福，谨于去就，莫之能
hài yě
害也。

wài piān qiū shuǐ
——《外篇·秋水》

zhī qióng zhī yǒu mìng zhī tōng zhī yǒu shí lín dà nàn ér bú jù
18 知穷之有命，知通之有时，临大难而不惧

zhě shèng rén zhī yǒng yě
者，圣人之勇也。

wài piān qiū shuǐ
——《外篇·秋水》

zhēn zhě jīng chéng zhī zhì yě bù jīng bù chéng bù néng dòng rén
19 真者，精诚之至也。不精不诚，不能动人。
gù qiǎng kū zhě suī bēi bù āi qiǎng nù zhě suī yán bù wēi qiǎng qīn zhě suī
故强哭者虽悲不哀，强怒者虽严不威，强亲者虽
xiào bù hé zhēn bēi wú shēng ér āi zhēn nù wèi fā ér wēi zhēn qīn wèi
笑不和。真悲无声而哀，真怒未发而威，真亲未
xiào ér hé zhēn zài nèi zhě shén dòng yú wài shì suǒ yǐ guì zhēn yě
笑而和。真在内者，神动于外，是所以贵真也。

zá piān yú fù
——《杂篇·渔父》

shì gù nèi shèng wài wáng zhī dào àn ér bù míng yù ér bù fā
20 是故内圣外王之道，暗而不明，郁而不发，
tiān xià zhī rén gè wéi qí suǒ yù yān yǐ zì wéi fāng bēi fú bǎi jiā
天下之人各为其所欲焉以自为方。悲夫，百家
wǎng ér bù fǎn bì bù hé yǐ hòu shì zhī xué zhě bú xìng bú jiàn
往而不反，必不合矣！后世之学者，不幸不见
tiān dì zhī chún gǔ rén zhī dà tǐ dào shù jiāng wéi tiān xià liè
天地之纯，古人之大体，道术将为天下裂。

zá piān tiān xià
——《杂篇·天下》

yóu tiān dì zhī dào guān huì shī zhī néng qí yóu yì wén yì méng zhī
21 由天地之道观惠施之能，其犹一蚊一虻之
láo zhě yě qí yú wù yě hé yōng fú chōng yī shàng kě yuē yù guì
劳者也。其于物也何庸！夫充一尚可，曰愈贵
dào jī yǐ
道，几矣！

zá piān tiān xià
——《杂篇·天下》

兵家经典

sūn zǐ bīng fǎ
《孙子兵法》（节选）

sūn zǐ yuē bīng zhě guó zhī dà shì sǐ shēng zhī dì cún wáng zhī dào bù kě bù chá yě
1 孙子曰：兵者，国之大事，死生之地，存亡之道，不可不察也。

gù jīng zhī yǐ wǔ shì jiào zhī yǐ jì ér suǒ qí qíng yī yuē dào èr yuē tiān sān yuē dì sì yuē jiàng wǔ yuē fǎ dào zhě lìng mín yǔ shàng tóng yì yě gù kě yǐ yǔ zhī sǐ kě yǐ yǔ zhī shēng ér bú wèi wēi tiān zhě yīn yáng hán shǔ shí zhì yě dì zhě yuǎn jìn xiǎn yì guǎng xiá sǐ shēng yě jiàng zhě zhì xìn rén yǒng yán yě fǎ zhě qū zhì guān dào zhǔ yòng yě fán cǐ wǔ zhě jiàng mò bù wén zhī zhī zhě shèng bù zhī zhě bú shèng gù jiào zhī yǐ jì ér suǒ qí qíng yuē zhǔ shú yǒu dào jiàng shú yǒu néng
2 故经之以五事，校之以计，而索其情：一曰道，二曰天，三曰地，四曰将，五曰法。道者，令民与上同意也，故可以与之死，可以与之生，而不畏危。天者，阴阳、寒暑、时制也。地者，远近、险易、广狭、死生也。将者，智、信、仁、勇、严也。法者，曲制、官道、主用也。凡此五者，将莫不闻，知之者胜，不知者不胜。故校之以计而索其情。曰：主孰有道？将孰有能？

tiān dì shú dé fǎ lìng shú xíng bīng zhòng shú qiáng shì zú shú liàn shǎng
天地孰得？法令孰行？兵众孰强？士卒孰练？赏
fá shú míng wú yǐ cǐ zhī shèng fù yǐ
罚孰明？吾以此知胜负矣。

fú wèi zhàn ér miào suàn shèng zhě dé suàn duō yě wèi zhàn ér miào suàn
3 夫未战而庙算胜者，得算多也；未战而庙算
bú shèng zhě dé suàn shǎo yě duō suàn shèng shǎo suàn bú shèng ér kuàng
不胜者，得算少也。多算胜，少算不胜，而况
yú wú suàn hū
于无算乎！

sūn zǐ yuē fán yòng bīng zhī fǎ quán guó wéi shàng pò guó cì
4 孙子曰：凡用兵之法，全国为上，破国次
zhī quán jūn wéi shàng pò jūn cì zhī quán lǚ wéi shàng pò lǚ cì
之；全军为上，破军次之；全旅为上，破旅次
zhī quán zú wéi shàng pò zú cì zhī quán wǔ wéi shàng pò wǔ cì
之；全卒为上，破卒次之；全伍为上，破伍次
zhī shì gù bǎi zhàn bǎi shèng fēi shàn zhī shàn zhě yě bú zhàn ér qū rén
之。是故百战百胜，非善之善者也；不战而屈人
zhī bīng shàn zhī shàn zhě yě
之兵，善之善者也。

shàng bīng fá móu qí cì fá jiāo qí cì fá bīng qí xià gōng
5 上兵伐谋，其次伐交，其次伐兵，其下攻
chéng gōng chéng zhī fǎ wéi bù dé yǐ
城。攻城之法，为不得已。

yòng bīng zhī fǎ shí zé wéi zhī wǔ zé gōng zhī bèi zé fēn zhī
6 用兵之法：十则围之，五则攻之，倍则分之，
dí zé néng zhàn zhī shǎo zé néng táo zhī bú ruò zé néng bì zhī
敌则能战之，少则能逃之，不若则能避之。

zhī kě yǐ zhàn yǔ bù kě yǐ zhàn zhě shèng shí zhòng guǎ zhī yòng zhě
7 知可以战与不可以战者胜；识众寡之用者
shèng shàng xià tóng yù zhě shèng yǐ yú dài bù yú zhě shèng jiàng néng ér
胜；上下同欲者胜；以虞待不虞者胜；将能而
jūn bú yù zhě shèng cǐ wǔ zhě zhī shèng zhī dào yě
君不御者胜。此五者，知胜之道也。

sūn zǐ yuē xī zhī shàn zhàn zhě xiān wéi bù kě shèng yǐ dài dí
8 孙子曰：昔之善战者，先为不可胜，以待敌
zhī kě shèng bù kě shèng zài jǐ kě shèng zài dí gù shàn zhàn zhě néng
之可胜。不可胜在己，可胜在敌。故善战者，能
wéi bù kě shèng bù néng shǐ dí zhī bì kě shèng gù yuē shèng kě zhī
为不可胜，不能使敌之必可胜。故曰：胜可知，
ér bù kě wéi
而不可为。

jiàn shèng bú guò zhòng rén zhī suǒ zhī fēi shàn zhī shàn zhě yě zhàn shèng
9 见胜不过众人之所知，非善之善者也；战胜
ér tiān xià yuē shàn fēi shàn zhī shàn zhě yě gù jǔ qiū háo bù wéi duō
而天下曰善，非善之善者也。故举秋毫不为多
lì jiàn rì yuè bù wéi míng mù wén léi tíng bù wéi cōng ěr gǔ zhī suǒ
力，见日月不为明目，闻雷霆不为聪耳。古之所
wèi shàn zhàn zhě shèng yú yì shèng zhě yě
谓善战者，胜于易胜者也。

shì gù shèng bīng xiān shèng ér hòu qiú zhàn bài bīng xiān zhàn ér hòu
10 是故胜兵先胜而后求战，败兵先战而后
qiú shèng
求胜。

fán zhàn zhě yǐ zhèng hé yǐ qí shèng gù shàn chū qí zhě wú
11 凡战者，以正合，以奇胜。故善出奇者，无
qióng rú tiān dì bù jié rú jiāng hǎi
穷如天地，不竭如江海。

shàn zhàn zhě qiú zhī yú shì bù zé yú rén gù néng zé rén ér

12 善战者，求之于势，不责于人，故能择人而

rèn shì

任势。

shàn zhàn zhě zhì rén ér bú zhì yú rén

13 善战者，致人而不致于人。

fú bīng xíng xiàng shuǐ shuǐ zhī xíng bì gāo ér qū xià bīng zhī

14 夫兵形象水，水之形，避高而趋下，兵之

xíng bì shí ér jī xū shuǐ yīn dì ér zhì liú bīng yīn dí ér zhì

形，避实而击虚。水因地而制流，兵因敌而制

shèng gù bīng wú cháng shì shuǐ wú cháng xíng néng yīn dí biàn huà ér qǔ

胜。故兵无常势，水无常形。能因敌变化而取

shèng zhě wèi zhī shén

胜者，谓之神。

sān jūn kě duó qì jiāng jūn kě duó xīn shì gù zhāo qì ruì zhòu

15 三军可夺气，将军可夺心。是故朝气锐，昼

qì duò mù qì guī shàn yòng bīng zhě bì qí ruì qì jī qí duò

气惰，暮气归。善用兵者，避其锐气，击其惰

guī cǐ zhì qì zhě yě

归，此治气者也。

zú wèi qīn fù ér fá zhī zé bù fú bù fú zé nán yòng

16 卒未亲附而罚之，则不服，不服，则难用

yě zú yǐ qīn fù ér fá bù xíng zé bù kě yòng yě gù lìng zhī yǐ

也。卒已亲附而罚不行，则不可用也。故令之以

wén qí zhī yǐ wǔ shì wèi bì qǔ

文，齐之以武，是谓必取。

zhī bǐ zhī jǐ shèng nǎi bú dài zhī tiān zhī dì shèng nǎi

17 知彼知己，胜乃不殆；知天知地，胜乃

bù qióng
不穷。

zhǔ bù kě yǐ nù ér xīng shī jiàng bù kě yǐ yùn ér zhì zhàn nù
18 主不可以怒而兴师，将不可以愠而致战。怒

kě yǐ fù xǐ yùn kě yǐ fù yuè wáng guó bù kě yǐ fù cún sǐ
可以复喜，愠可以复悦；亡国不可以复存，死

zhě bù kě yǐ fù shēng gù míng jūn shèn zhī liáng jiàng jǐng zhī cǐ ān
者不可以复生。故明君慎之，良将警之。此安

guó quán jūn zhī dào yě
国全军之道也。

中
医
经
典

huáng dì nèi jīng

《黄帝内经》（节选）

huáng dì yuē yú wén shàng gǔ yǒu zhēn rén zhě tí qiè tiān dì bǎ

1 黄帝曰：余闻上古有真人者，提挈天地，把

wò yīn yáng hū xī jīng qì dú lì shǒu shén jī ròu ruò yī gù néng

握阴阳，呼吸精气，独立守神，肌肉若一，故能

shòu bì tiān dì wú yǒu zhōng shí cǐ qí dào shēng

寿敝天地，无有终时，此其道生。

sù wèn shàng gǔ tiān zhēn lùn

——《素问·上古天真论》

fú shàng gǔ shèng rén zhī jiào xià yě jiē wèi zhī xū xié zéi fēng bì

2 夫上古圣人之教下也，皆谓之虚邪贼风，避

zhī yǒu shí tián dàn xū wú zhēn qì cóng zhī jīng shén nèi shǒu bìng ān

之有时，恬惔虚无，真气从之，精神内守，病安

cóng lái shì yǐ zhì xián ér shǎo yù xīn ān ér bú jù xíng láo ér bú

从来？是以志闲而少欲，心安而不惧，形劳而不

juàn qì cóng yǐ shùn gè cóng qí yù jiē dé suǒ yuàn

倦，气从以顺，各从其欲，皆得所愿。

sù wèn shàng gǔ tiān zhēn lùn

——《素问·上古天真论》

shàng gǔ zhī rén qí zhī dào zhě fǎ yú yīn yáng hé yú shù

3 上古之人，其知道者，法于阴阳，和于术

shù shí yǐn yǒu jié qǐ jū yǒu cháng bú wàng zuò láo gù néng xíng yǔ

数，食饮有节，起居有常，不妄作劳，故能形与

shén jù ér jìn zhōng qí tiān nián dù bǎi suì nǎi qù
神俱，而尽终其天年，度百岁乃去。

sù wèn shàng gǔ tiān zhēn lùn
——《素问·上古天真论》

gù měi qí shí rèn qí fú lè qí sú gāo xià bù xiāng mù
4 故美其食，任其服，乐其俗，高下不相慕，
qí mín gù yuē pǔ
其民故曰朴。

sù wèn shàng gǔ tiān zhēn lùn
——《素问·上古天真论》

shàn yán tiān zhě bì yǒu yàn yú rén shàn yán gǔ zhě bì yǒu hé
5 善言天者，必有验于人；善言古者，必有合
yú jīn shàn yán rén zhě bì yǒu yàn yú jǐ
于今；善言人者，必有厌于己。

sù wèn jǔ tòng lùn
——《素问·举痛论》

xuè qì yǐ hé yíng wèi yǐ tōng wǔ zàng yǐ chéng shén qì shè
6 血气已和，营卫已通，五脏已成，神气舍
xīn hún pò bì jù nǎi chéng wéi rén
心，魂魄毕具，乃成为人。

líng shū tiān nián
——《灵枢·天年》

fú sì shí yīn yáng zhě wàn wù zhī gēn běn yě suǒ yǐ shèng rén chūn
7 夫四时阴阳者，万物之根本也，所以圣人春
xià yǎng yáng qiū dōng yǎng yīn yǐ cóng qí gēn gù yǔ wàn wù chén fú yú
夏养阳，秋冬养阴，以从其根，故与万物沉浮于
shēng zhǎng zhī mén nì qí gēn zé fá qí běn huài qí zhēn yǐ
生长之门。逆其根，则伐其本，坏其真矣。

sù wèn sì qì tiáo shén dà lùn
——《素问·四气调神大论》

yīn yáng zhě tiān dì zhī dào yě wàn wù zhī gāng jì biàn huà zhī
8 阴阳者，天地之道也，万物之纲纪，变化之

fù mǔ shēng shā zhī běn shǐ shén míng zhī fǔ yě zhì bìng bì qiú
父母，生杀之本始，神明之府也，治病必求
yú běn
于本。

sù wèn yīn yáng yīng xiàng dà lùn
——《素问·阴阳应象大论》

fú bǎi bìng zhī shǐ shēng yě jiē shēng yú fēng yǔ hán shǔ yīn yáng xǐ
9 夫百病之始生也，皆生于风雨寒暑，阴阳喜
nù yǐn shí jū chù dà jīng cù kǒng
怒，饮食居处，大惊卒恐。

líng shū kǒu wèn
——《灵枢·口问》

shì gù jǐn hé wǔ wèi gǔ zhèng jīn róu qì xuè yǐ liú còu lǐ
10 是故谨和五味，骨正筋柔，气血以流，腠理
yǐ mì rú shì zé gǔ qì yǐ jīng jǐn dào rú fǎ cháng yǒu tiān mìng
以密，如是则骨气以精。谨道如法，长有天命。

sù wèn shēng qì tōng tiān lùn
——《素问·生气通天论》

gù shèng rén zá hé yǐ zhì gè dé qí suǒ yí gù zhì suǒ yǐ
11 故圣人杂合以治，各得其所宜，故治所以
yì ér bìng jiē yù zhě dé bìng zhī qíng zhī zhì zhī dà tǐ yě
异而病皆愈者，得病之情，知治之大体也。

sù wèn yì fǎ fāng yí lùn
——《素问·异法方宜论》

fú shèng rén zhī zhì bìng xún fǎ shǒu dù yuán wù bǐ lèi huà zhī
12 夫圣人之治病，循法守度，援物比类，化之
míng míng xún shàng jí xià hé bì shǒu jīng
冥冥，循上及下，何必守经。

sù wèn shì cóng róng lùn
——《素问·示从容论》

wǔ sè mài biàn kuí duó qí héng dào zài yú yī shén zhuǎn bù
13 五色脉变，揆度奇恒，道在于一，神转不

huí huí zé bù zhuǎn nǎi shī qí jī
回，回则不转，乃失其机。

sù wèn yù bǎn lùn yào
——《素问·玉版论要》

shàn zhěn zhě chá sè àn mài xiān bié yīn yáng shěn qīng zhuó ér zhī
14 善诊者，察色按脉，先别阴阳；审清浊而知
bù fēn shì chuǎn xī tīng yīn shēng ér zhī suǒ kǔ guān quán héng guī
部分；视喘息，听音声，而知所苦；观权衡规
jǔ ér zhī bìng suǒ zhǔ àn chǐ cùn guān fú chén huá sè ér zhī bìng
矩，而知病所主。按尺寸，观浮沉滑涩，而知病
suǒ shēng yǐ zhì wú guò yǐ zhěn zé bù shī yǐ
所生，以治无过，以诊则不失矣。

sù wèn yīn yáng yīng xiàng dà lùn
——《素问·阴阳应象大论》

míng mù zhě kě shǐ shì sè cōng ěr zhě kě shǐ tīng yīn jié
15 明目者，可使视色；聪耳者，可使听音；捷
jí cí yǔ zhě kě shǐ chuán lùn yǔ xú ér ān jìng shǒu qiǎo ér xīn
疾辞语者，可使传论；语徐而安静，手巧而心
shěn dì zhě kě shǐ xíng zhēn ài lǐ xuè qì ér tiáo zhū nì shùn chá yīn
审谛者，可使行针艾，理血气而调诸逆顺，察阴
yáng ér jiān zhū fāng
阳而兼诸方。

líng shū guān néng
——《灵枢·官能》

sì shí zhī biàn hán shǔ zhī shèng zhòng yīn bì yáng zhòng yáng bì
16 四时之变，寒暑之胜，重阴必阳，重阳必
yīn gù yīn zhǔ hán yáng zhǔ rè gù hán shèn zé rè rè shèn zé
阴。故阴主寒，阳主热，故寒甚则热，热甚则
hán gù yuē hán shēng rè rè shēng hán cǐ yīn yáng zhī biàn yě
寒，故曰："寒生热，热生寒"，此阴阳之变也。

líng shū lùn jí zhěn chǐ
——《灵枢·论疾诊尺》

zhěn fǎ cháng yǐ píng dàn yīn qì wèi dòng yáng qì wèi sàn yǐn
17 诊法常以平旦，阴气未动，阳气未散，饮
shí wèi jìn jīng mài wèi shèng luò mài tiáo yún qì xuè wèi luàn gù
食未进，经脉未盛，络脉调匀，气血未乱，故
nǎi kě zhěn yǒu guò zhī mài
乃可诊有过之脉。

sù wèn mài yào jīng wēi lùn
——《素问·脉要精微论》

jū yú guǐ shén zhě bù kě yǔ yán zhì dé wù yú zhēn shí zhě
18 拘于鬼神者，不可与言至德，恶于针石者，
bù kě yǔ yán zhì qiǎo
不可与言至巧。

sù wèn wǔ zàng bié lùn
——《素问·五脏别论》

shì gù shèng rén bú zhì yǐ bìng zhì wèi bìng bú zhì yǐ luàn zhì wèi
19 是故圣人不治已病治未病，不治已乱治未
luàn cǐ zhī wèi yě fú bìng yǐ chéng ér hòu yào zhī luàn yǐ chéng ér
乱，此之谓也。夫病已成而后药之，乱已成而
hòu zhì zhī pì yóu kě ér chuān jǐng dòu ér zhù zhuī bú yì wǎn hū
后治之，譬犹渴而穿井，斗而铸锥，不亦晚乎！

sù wèn sì qì tiáo shén dà lùn
——《素问·四气调神大论》

《难经》（节选）

1 曰：十二经皆有动脉，独取寸口，以决五脏六腑死生吉凶之法，何谓也？然：寸口者，脉之大要会，手太阴之动脉也。人一呼脉行三寸，一吸脉行三寸，呼吸定息，脉行六寸。人一日一夜，凡一万三千五百息，脉行五十度，周于身。漏水下百刻，荣卫行阳二十五度，行阴亦二十五度，为一周也，故五十度复会于手太阴。寸口者，五脏六腑之所终始，故法取于寸口也。

——《一难》

2 从关至尺是尺内，阴之所治也；从关至鱼际是寸内，阳之所治也。

——《二难》

zhū shí èr jīng mài zhě jiē xì yú shēng qì zhī yuán suǒ wèi shēng qì zhī
3 诸十二经脉者，皆系于生气之原。所谓生气之
yuán zhě wèi shí èr jīng zhī gēn běn yě wèi shèn jiān dòng qì yě cǐ wǔ zàng
原者，谓十二经之根本也，谓肾间动气也。此五脏
liù fǔ zhī běn shí èr jīng mài zhī gēn hū xī zhī mén sān jiāo zhī yuán
六腑之本，十二经脉之根，呼吸之门，三焦之原，
yì míng shǒu xié zhī shén gù qì zhě rén zhī gēn běn yě gēn jué zé jīng yè
一名守邪之神。故气者，人之根本也，根绝则茎叶
kū yǐ cùn kǒu mài píng ér sǐ zhě shēng qì dú jué yú nèi yě
枯矣。寸口脉平而死者，生气独绝于内也。

bā nàn
——《八难》

pì rú rén zhī yǒu chǐ shù zhī yǒu gēn zhī yè suī kū gǎo gēn
4 譬如人之有尺，树之有根，枝叶虽枯槁，根
běn jiāng zì shēng
本将自生。

shí sì nàn
——《十四难》

sǔn qí fèi zhě yì qí qì sǔn qí xīn zhě tiáo qí yíng wèi
5 损其肺者，益其气；损其心者，调其荣卫；
sǔn qí pí zhě tiáo qí yǐn shí shì qí hán wēn sǔn qí gān zhě huǎn
损其脾者，调其饮食，适其寒温；损其肝者，缓
qí zhōng sǔn qí shèn zhě yì qí jīng cǐ zhì sǔn zhī fǎ yě
其中；损其肾者，益其精。此治损之法也。

shí sì nàn
——《十四难》

sì shí jiē yǐ wèi qì wéi běn shì wèi sì shí zhī biàn bìng sǐ shēng
6 四时皆以胃气为本，是谓四时之变病，死生
zhī yào huì yě
之要会也。

shí wǔ nàn
——《十五难》

yuē jīng yán mài yǒu nì shùn nán nǚ yǒu héng ér fǎn zhě
7 曰：《经》言脉有逆顺，男女有恒。而反者，
hé wèi yě rán nán zǐ shēng yú yín yín wéi mù yáng yě nǚ zǐ
何谓也？然，男子生于寅，寅为木，阳也。女子
shēng yú shēn shēn wéi jīn yīn yě gù nán mài zài guān shàng nǚ mài zài
生于申，申为金，阴也。故男脉在关上，女脉在
guān xià shì yǐ nán zǐ chǐ mài héng ruò nǚ zǐ chǐ mài héng shèng shì qí
关下，是以男子尺脉恒弱，女子尺脉恒盛，是其
cháng yě fǎn zhě nán dé nǚ mài nǚ dé nán mài yě
常也。反者，男得女脉，女得男脉也。

shí jiǔ nàn
——《十九难》

chóng yáng zhě kuáng chóng yīn zhě diān tuō yáng zhě jiàn guǐ tuō yīn zhě
8 重阳者狂，重阴者癫。脱阳者见鬼，脱阴者
mù máng
目盲。

èr shí nàn
——《二十难》

jīng mài shí èr luò mài shí wǔ hé shǐ hé qióng yě rán jīng
9 经脉十二，络脉十五，何始何穷也？然，经
mài zhě xíng xuè qì tōng yīn yáng yǐ róng yú shēn zhě yě
脉者，行血气，通阴阳，以荣于身者也。

èr shí sān nàn
——《二十三难》

jīng yán rén shòu qì yú gǔ gǔ rù yú wèi nǎi chuán yǔ wǔ
10 《经》言人受气于谷，谷入于胃，乃传与五
zàng liù fǔ wǔ zàng liù fǔ jiē shòu yú qì qí qīng zhě wéi yíng zhuó zhě
脏六腑，五脏六腑皆受于气，其清者为荣，浊者
wéi wèi yíng xíng mài zhōng wèi xíng mài wài yíng zhōu bù xī wǔ shí
为卫。荣行脉中，卫行脉外，荣周不息，五十
ér fù dà huì yīn yáng xiāng guàn rú huán zhī wú duān gù zhī yíng wèi
而复大会，阴阳相贯，如环之无端，故知荣卫

xiāng suí yě
相随也。

sān shí nàn
——《三十难》

mài zhī xū shí zhě rú zhě wéi xū jǐn láo zhě wéi shí bìng zhī
11 脉之虚实者，濡者为虚，紧牢者为实。病之
xū shí zhě chū zhě wéi xū rù zhě wéi shí yán zhě wéi xū bù yán
虚实者，出者为虚，入者为实；言者为虚，不言
zhě wéi shí huǎn zhě wéi xū jí zhě wéi shí zhěn zhī xū shí zhě rú
者为实；缓者为虚，急者为实。诊之虚实者，濡
zhě wéi xū láo zhě wéi shí yǎng zhě wéi xū tòng zhě wéi shí wài tòng
者为虚，牢者为实；痒者为虚，痛者为实；外痛
nèi kuài wéi wài shí nèi xū nèi tòng wài kuài wéi nèi shí wài xū gù
内快，为外实内虚；内痛外快，为内实外虚。故
yuē xū shí yě
曰虚实也。

sì shí bā nàn
——《四十八难》

jīng yán yōu chóu sī lǜ zé shāng xīn xíng hán yǐn lěng zé shāng
12 《经》言忧愁思虑则伤心；形寒饮冷则伤
fèi huì nù qì nì shàng ér bú xià zé shāng gān yǐn shí láo juàn zé
肺；恚怒气逆，上而不下则伤肝；饮食劳倦则
shāng pí jiǔ zuò shī dì qiáng lì rù shuǐ zé shāng shèn shì zhèng jīng zhī
伤脾；久坐湿地，强力入水则伤肾。是正经之
zì bìng yě
自病也。

sì shí jiǔ nàn
——《四十九难》

xū zhě bǔ qí mǔ shí zhě xiè qí zǐ dāng xiān bǔ zhī rán hòu
13 虚者补其母，实者泻其子。当先补之，然后
xiè zhī
泻之。

liù shí jiǔ nàn
——《六十九难》

dà yī jīng chéng

《大医精诚》（节选）

fán dà yī zhì bìng bì dāng ān shén dìng zhì wú yù wú qiú xiān
1 凡大医治病，必当安神定志，无欲无求，先
fā dà cí cè yǐn zhī xīn shì yuàn pǔ jiù hán líng zhī kǔ
发大慈恻隐之心，誓愿普救含灵之苦。

fú dà yī zhī tǐ yù dé chéng shén nèi shì wàng zhī yǎn rán kuān
2 夫大医之体，欲得澄神内视，望之俨然，宽
yù wāng wāng bù jiǎo bú mèi xǐng bìng zhěn jí zhì yì shēn xīn xiáng chá
裕汪汪，不皎不昧。省病诊疾，至意深心，详察
xíng hòu xiān háo wù shī chǔ pàn zhēn yào wú dé cēn cī
形候，纤毫勿失，处判针药，无得参差。

fú wéi yī zhī fǎ bù dé duō yǔ tiáo xiào tán xuè xuān huá dào
3 夫为医之法，不得多语调笑，谈谑喧哗，道
shuō shì fēi yì lùn rén wù xuàn yào shēng míng zī huǐ zhū yī zì jīn
说是非，议论人物，炫耀声名，訾毁诸医，自矜
jǐ dé ǒu rán zhì chài yí bìng zé áng tóu dài miàn ér yǒu zì xǔ zhī
己德，偶然治瘥一病，则昂头戴面，而有自许之
mào wèi tiān xià wú shuāng cǐ yī rén zhī gāo huāng yě
貌，谓天下无双，此医人之膏肓也。

suǒ yǐ yī rén bù dé shì jǐ suǒ cháng zhuān xīn jīng lüè cái wù dàn
4 所以医人不得恃己所长，专心经略财物，但

zuò jiù kǔ zhī xīn yú míng yùn dào zhōng zì gǎn duō fú zhě ěr
作救苦之心，于冥运道中，自感多福者耳。

ruò yǒu jí è lái qiú jiù zhě bù dé wèn qí guì jiàn pín fù zhǎng
5 若有疾厄来求救者，不得问其贵贱贫富，长
yòu yán chī yuàn qīn shàn yǒu huá yí yú zhì pǔ tóng yī děng jiē rú
幼妍媸，怨亲善友，华夷愚智，普同一等，皆如
zhì qīn zhī xiǎng yì bù dé zhān qián gù hòu zì lǜ jí xiōng hù xī
至亲之想。亦不得瞻前顾后，自虑吉凶，护惜
shēn mìng
身命。

jiàn bǐ kǔ nǎo ruò jǐ yǒu zhī shēn xīn qī chuàng wù bì xiǎn
6 见彼苦恼，若己有之，深心凄怆。勿避险
xī zhòu yè hán shǔ jī kě pí láo yì xīn fù jiù wú zuò gōng fū
巇、昼夜寒暑、饥渴疲劳，一心赴救，无作功夫
xíng jì zhī xīn
形迹之心。

jīn bìng yǒu nèi tóng ér wài yì yì yǒu nèi yì ér wài tóng gù wǔ
7 今病有内同而外异，亦有内异而外同，故五
zàng liù fǔ zhī yíng xū xuè mài yíng wèi zhī tōng sè gù fēi ěr mù zhī suǒ
脏六腑之盈虚，血脉荣卫之通塞，固非耳目之所
chá bì xiān zhěn hòu yǐ shěn zhī
察，必先诊候以审之。

suī yuē bìng yí sù jiù yào xū lín shì bú huò wéi dāng shěn dì tán
8 虽曰病宜速救，要须临事不惑，唯当审谛覃
sī bù dé yú xìng mìng zhī shàng shuài ěr zì chěng jùn kuài yāo shè míng
思，不得于性命之上，率尔自逞俊快，邀射名
yù shèn bù rén yǐ yòu dào bìng jiā zòng qǐ luó mǎn mù wù zuǒ yòu
誉，甚不仁矣。又到病家，纵绮罗满目，勿左右
gù miǎn sī zhú còu ěr wú dé sì yǒu suǒ yú zhēn xiū dié jiàn shí
顾眄；丝竹凑耳，无得似有所娱；珍馐迭荐，食

rú wú wèi líng lù jiān chén kàn yǒu ruò wú suǒ yǐ ěr zhě fú yì
如无味；醽醁兼陈，看有若无。所以尔者，夫一
rén xiàng yú mǎn táng bú lè ér kuàng bìng rén kǔ chǔ bù lí sī xū
人向隅，满堂不乐，而况病人苦楚，不离斯须，
ér yī zhě ān rán huān yú ào rán zì dé zī nǎi rén shén zhī suǒ gòng
而医者安然欢娱，傲然自得，兹乃人神之所共
chǐ zhì rén zhī suǒ bù wéi
耻，至人之所不为。

shì yǒu yú zhě dú fāng sān nián biàn wèi tiān xià wú bìng kě zhì
9 世有愚者，读方三年，便谓天下无病可治；
jí zhì bìng sān nián nǎi zhī tiān xià wú fāng kě yòng
及治病三年，乃知天下无方可用。

史学经典

shǐ jì

《史记》（节选）

huáng dì zhě shào diǎn zhī zǐ xìng gōng sūn míng yuē xuān yuán shēng
1 黄帝者，少典之子，姓公孙，名曰轩辕。生
ér shén líng ruò ér néng yán yòu ér xùn qí zhǎng ér dūn mǐn chéng ér
而神灵，弱而能言，幼而徇齐，长而敦敏，成而
cōng míng
聪明。

wǔ dì běn jì
——《五帝本纪》

dì yáo zhě fàng xūn qí rén rú tiān qí zhì rú shén jiù zhī
2 帝尧者，放勋。其仁如天，其知如神。就之
rú rì wàng zhī rú yún fù ér bù jiāo guì ér bù shū huáng shōu zī
如日，望之如云。富而不骄，贵而不舒。黄收纯
yī tóng chē shèng bái mǎ néng míng xùn dé yǐ qīn jiǔ zú jiǔ zú jì
衣，彤车乘白马。能明驯德，以亲九族。九族既
mù pián zhāng bǎi xìng bǎi xìng zhāo míng hé hé wàn guó
睦，便章百姓。百姓昭明，合和万国。

wǔ dì běn jì
——《五帝本纪》

gāo yáo yuē wū zài zhī rén zài ān mín yǔ yuē
3 皋陶曰：“於！在知人，在安民。”禹曰：
xū jiē ruò shì wéi dì qí nán zhī zhī rén zé zhì néng guān rén
“吁！皆若是，惟帝其难之。知人则智，能官人；

néng ān mín zé huì lí mín huái zhī néng zhī néng huì hé yōu hū huān
能安民则惠，黎民怀之。能知能惠，何忧乎驩

dōu hé qiān hū yǒu miáo hé wèi hū qiǎo yán shàn sè nìng rén
兜，何迁乎有苗，何畏乎巧言善色佞人？”

xià běn jì
——《夏本纪》

shì yǐ jūn zǐ wèi guó guān zhī shàng gǔ yàn zhī dāng shì cān zhī
4 是以君子为国，观之上古，验之当世，参之

rén shì chá shèng shuāi zhī lǐ shěn quán shì zhī yí qù jiù yǒu xù biàn
人事，察盛衰之理，审权势之宜，去就有序，变

huà yīn shí gù kuàng rì cháng jiǔ ér shè jì ān yǐ
化因时，故旷日长久而社稷安矣。

qín shǐ huáng běn jì
——《秦始皇本纪》

fú yùn chóu cè wéi zhàng zhī zhōng jué shèng yú qiān lǐ zhī wài wú bù
5 夫运筹策帷帐之中，决胜于千里之外，吾不

rú zǐ fáng zhèn guó jiā fǔ bǎi xìng jǐ kuì xiǎng bù jué liáng dào
如子房；镇国家，抚百姓，给馈饷，不绝粮道，

wú bù rú xiāo hé lián bǎi wàn zhī jūn zhàn bì shèng gōng bì qǔ wú
吾不如萧何；连百万之军，战必胜，攻必取，吾

bù rú hán xìn cǐ sān zhě jiē rén jié yě wú néng yòng zhī cǐ wú
不如韩信。此三者，皆人杰也，吾能用之，此吾

suǒ yǐ qǔ tiān xià yě xiàng yǔ yǒu yī fàn zēng ér bù néng yòng cǐ qí suǒ
所以取天下也。项羽有一范增而不能用，此其所

yǐ wèi wǒ qín yě
以为我擒也。

gāo zǔ běn jì
——《高祖本纪》

xià zhī zhèng zhōng zhōng zhī bì xiǎo rén yǐ yě gù yīn rén chéng zhī
6 夏之政忠。忠之敝，小人以野，故殷人承之

yǐ jìng jìng zhī bì xiǎo rén yǐ guǐ gù zhōu rén chéng zhī yǐ wén wén
以敬。敬之敝，小人以鬼，故周人承之以文。文

zhī bì xiǎo rén yǐ sài gù jiù sài mò ruò yǐ zhōng sān wáng zhī dào ruò
之敝，小人以僿，故救僿莫若以忠。三王之道若
xún huán zhōng ér fù shǐ
循环，终而复始。

gāo zǔ běn jì
——《高祖本纪》

lǐ zhī zhōng néng sī suǒ wèi zhī néng lǜ néng lǜ wù yì wèi
7 礼之中，能思索，谓之能虑；能虑勿易，谓
zhī néng gù néng lǜ néng gù jiā hào zhī yān shèng yǐ
之能固。能虑能固，加好之焉，圣矣。

lǐ shū
——《礼书》

gù zhī lǐ yuè zhī qíng zhě néng zuò shí lǐ yuè zhī wén zhě néng shù zuò
8 故知礼乐之情者能作，识礼乐之文者能术。作
zhě zhī wèi shèng shù zhě zhī wèi míng míng shèng zhě shù zuò zhī wèi yě
者之谓圣，术者之谓明。明圣者，术作之谓也。

yuè shū
——《乐书》

cí qù ér lǎo zǐ sòng zhī yuē wú wén fù guì zhě sòng rén yǐ
9 辞去，而老子送之曰："吾闻富贵者送人以
cái rén rén zhě sòng rén yǐ yán wú bù néng fù guì qiè rén rén zhī
财，仁人者送人以言。吾不能富贵，窃仁人之
hào sòng zǐ yǐ yán yuē cōng míng shēn chá ér jìn yú sǐ zhě hào
号，送子以言，曰：'聪明深察而近于死者，好
yì rén zhě yě bó biàn guǎng dà wēi qí shēn zhě fā rén zhī è zhě yě
议人者也。博辩广大危其身者，发人之恶者也。
wéi rén zǐ zhě wú yǐ yǒu jǐ wéi rén chén zhě wú yǐ yǒu jǐ
为人子者毋以有己，为人臣者毋以有己。'"

kǒng zǐ shì jiā
——《孔子世家》

dòu shèn jí pú rén jù wèi kǒng zǐ yuē gǒu wú shì wèi
10 斗甚疾。蒲人惧，谓孔子曰："苟毋适卫，

吾出子。”与之盟，出孔子东门。孔子遂适卫。子贡曰：“盟可负邪？”孔子曰：“要盟也，神不听。”

——《孔子世家》

11 孔子学鼓琴师襄子，十日不进。师襄子曰：“可以益矣。”孔子曰：“丘已习其曲矣，未得其数也。”有间，曰：“已习其数，可以益矣。”孔子曰：“丘未得其志也。”有间，曰：“已习其志，可以益矣。”孔子曰：“丘未得其为人也。”有间，有所穆然深思焉，有所怡然高望而远志焉。曰：“丘得其为人，黯然而黑，几然而长，眼如望羊，如王四国，非文王其谁能为此也！”师襄子辟席再拜，曰：“师盖云《文王操》也。”

——《孔子世家》

12 太史公曰：《诗》有之：“高山仰止，景行行止。”虽不能至，然心乡往之。余读孔氏书，想

jiàn qí wéi rén
见其为人。

kǒng zǐ shì jiā
——《孔子世家》

cāng lǐn shí ér zhī lǐ jié yī shí zú ér zhī róng rǔ shàng fú
13 “仓廪实而知礼节，衣食足而知荣辱，上服

dù zé liù qīn gù sì wéi bù zhāng guó nǎi miè wáng xià lìng rú liú
度则六亲固。四维不张，国乃灭亡。下令如流

shuǐ zhī yuán lìng shùn mín xīn gù lùn bēi ér yì xíng sú zhī suǒ
水之原，令顺民心。”故论卑而易行。俗之所

yù yīn ér yǔ zhī sú zhī suǒ fǒu yīn ér qù zhī
欲，因而予之；俗之所否，因而去之。

guǎn yàn liè zhuàn
——《管晏列传》

tài shǐ gōng yuē zhī sǐ bì yǒng fēi sǐ zhě nán yě chǔ sǐ zhě
14 太史公曰：知死必勇，非死者难也，处死者

nán fāng lìn xiàng rú yǐn bì nì zhù jí chì qín wáng zuǒ yòu shì bú
难。方蔺相如引璧睨柱，及叱秦王左右，势不

guò zhū rán shì huò qiè nuò ér bù gǎn fā xiàng rú yí fèn qí qì
过诛，然士或怯懦而不敢发。相如一奋其气，

wēi xìn dí guó tuì ér ràng pō míng zhòng tài shān qí chù zhì yǒng
威信敌国，退而让颇，名重太山，其处智勇，

kě wèi jiān zhī yǐ
可谓兼之矣！

lián pō lìn xiàng rú liè zhuàn
——《廉颇蔺相如列传》

rén zhī suǒ bìng bìng jí duō ér yī zhī suǒ bìng bìng dào shǎo
15 人之所病，病疾多；而医之所病，病道少。

gù bìng yǒu liù bú zhì jiāo zì bú lùn yú lǐ yī bú zhì yě qīng shēn
故病有六不治：骄恣不论于理，一不治也；轻身

zhòng cái èr bú zhì yě yī shí bù néng shì sān bú zhì yě yīn
重财，二不治也；衣食不能适，三不治也；阴

yáng bìng zàng qì bú dìng sì bú zhì yě xíng léi bù néng fú yào wǔ
阳并，藏气不定，四不治也；形羸不能服药，五
bú zhì yě xìn wū bú xìn yī liù bú zhì yě yǒu cǐ yī zhě zé
不治也；信巫不信医，六不治也。有此一者，则
zhòng nán zhì yě
重难治也。

biǎn què cāng gōng liè zhuàn
——《扁鹊苍公列传》

zhōu shū yuē nóng bù chū zé fá qí shí gōng bù chū zé
16 《周书》曰：“农不出则乏其食，工不出则
fá qí shì shāng bù chū zé sān bǎo jué yú bù chū zé cái kuì shǎo
乏其事，商不出则三宝绝，虞不出则财匮少。”
cái kuì shǎo ér shān zé bù pì yǐ cǐ sì zhě mín suǒ yī shí zhī yuán
财匮少而山泽不辟矣。此四者，民所衣食之原
yě yuán dà zé ráo yuán xiǎo zé xiǎn
也。原大则饶，原小则鲜。

huò zhí liè zhuàn
——《货殖列传》

zhū gōng yǐ wéi táo tiān xià zhī zhōng zhū hóu sì tōng huò wù suǒ
17 朱公以为陶天下之中，诸侯四通，货物所
jiāo yì yě nǎi zhì chǎn jī jū yǔ shí zhú ér bù zé yú rén gù shàn
交易也。乃治产积居，与时逐而不责于人。故善
zhì shēng zhě néng zé rén ér rèn shí shí jiǔ nián zhī zhōng sān zhì qiān jīn
治生者，能择人而任时。十九年之中三致千金，
zài fēn sàn yǔ pín jiāo shū kūn dì cǐ suǒ wèi fù hào xíng qí dé zhě yě
再分散与贫交疏昆弟。此所谓富好行其德者也。
hòu nián shuāi lǎo ér tīng zǐ sūn zǐ sūn xiū yè ér xī zhī suì zhì jù
后年衰老而听子孙，子孙修业而息之，遂至巨
wàn gù yán fù zhě jiē chēng táo zhū gōng
万。故言富者皆称陶朱公。

huò zhí liè zhuàn
——《货殖列传》

yì dà zhuàn tiān xià yī zhì ér bǎi lǜ tóng guī ér shū
18 《易大传》：“天下一致而百虑，同归而殊
tú fú yīn yáng rú mò míng fǎ dào dé cǐ wù wéi
涂。”夫阴阳、儒、墨、名、法、道德，此务为
zhì zhě yě zhí suǒ cóng yán zhī yì lù yǒu xǐng bù xǐng ěr
治者也，直所从言之异路，有省不省耳。

tài shǐ gōng zì xù
——《太史公自序》

tài shǐ gōng yuē xiān rén yǒu yán zì zhōu gōng zú wǔ bǎi suì
19 太史公曰：“先人有言：‘自周公卒五百岁
ér yǒu kǒng zǐ kǒng zǐ zú hòu zhì yú jīn wǔ bǎi suì yǒu néng shào míng
而有孔子。孔子卒后至于今五百岁，有能绍明
shì zhèng yì zhuàn jì chūn qiū běn shī shū
世，正《易传》，继《春秋》，本《诗》、《书》、
lǐ yuè zhī jì yì zài sī hū yì zài sī hū xiǎo zǐ
《礼》、《乐》之际？’意在斯乎！意在斯乎！小子
hé gǎn ràng yān
何敢让焉。”

tài shǐ gōng zì xù
——《太史公自序》

fēi bīng bù qiáng fēi dé bù chāng huáng dì tāng wǔ yǐ xīng
20 非兵不强，非德不昌，黄帝、汤、武以兴，
jié zhòu èr shì yǐ bēng kě bú shèn yú
桀、纣、二世以崩，可不慎欤？

tài shǐ gōng zì xù
——《太史公自序》

hàn shū

《汉书》（节选）

chū gāo zǔ bù xiū wén xué ér xìng míng dá hào móu néng tīng
1 初，高祖不修文学，而性明达，好谋，能听，
zì jiān mén shù zú jiàn zhī rú jiù chū shùn mín xīn zuò sān zhāng zhī yuē
自监门戍卒，见之如旧。初顺民心作三章之约。
tiān xià jì dìng mìng xiāo hé cì lǜ lìng hán xìn shēn jūn fǎ zhāng cāng dìng
天下既定，命萧何次律令，韩信申军法，张苍定
zhāng chéng shū sūn tōng zhì lǐ yí lù jiǎ zào xīn yǔ yòu yǔ gōng
章程，叔孙通制礼仪，陆贾造《新语》。又与功
chén pōu fú zuò shì dān shū tiě qì jīn kuì shí shì cáng zhī zōng miào
臣剖符作誓，丹书铁契，金匮石室，藏之宗庙。
suī rì bù xiá jǐ guī mó hóng yuǎn yǐ
虽日不暇给，规摹弘远矣。

gāo dì jì dì yī xià
——《高帝纪第一下》

gǔ zhī lì tài xué jiāng yǐ chuán xiān wáng zhī yè liú huà yú tiān xià
2 古之立太学，将以传先王之业，流化于天下
yě rú lín zhī guān sì hǎi yuān yuán yí jiē míng yú gǔ jīn wēn gù
也。儒林之官，四海渊原，宜皆明于古今，温故
zhī xīn tōng dá guó tǐ gù wèi zhī bó shì fǒu zé xué zhě wú shù
知新，通达国体，故谓之博士。否则学者无述
yān wéi xià suǒ qīng fēi suǒ yǐ zūn dào dé yě
焉，为下所轻，非所以尊道德也。

chéng dì jì dì shí
——《成帝纪第十》

shēng zhě gōng shāng jué zhǐ yǔ yě suǒ yǐ zuò yuè zhě
3 声者，宫、商、角、徵、羽也。所以作乐者，
xié bā yīn dàng dí rén zhī xié yì quán qí zhèng xìng yí fēng yì sú
谐八音，荡涤人之邪意，全其正性，移风易俗
yě bā yīn tǔ yuē xūn páo yuē shēng pí yuē gǔ zhú yuē guǎn
也。八音：土曰埙，匏曰笙，皮曰鼓，竹曰管，
sī yuē xián shí yuē qìng jīn yuē zhōng mù yuē zhù wǔ shēng hé bā
丝曰弦，石曰磬，金曰钟，木曰柷。五声和，八
yīn xié ér yuè chéng
音谐，而乐成。

lǜ lì zhì dì yī shàng
——《律历志第一上》

zhī lǐ yuè zhī qíng zhě néng zuò shí lǐ yuè zhī wén zhě néng shù zuò
4 知礼乐之情者能作，识礼乐之文者能述；作
zhě zhī wèi shèng shù zhě zhī wèi míng míng shèng zhě shù zuò zhī wèi yě
者之谓圣，述者之谓明。明圣者，述作之谓也。

lǐ yuè zhì dì èr
——《礼乐志第二》

shì gù gǔ zhī wáng zhě mò bù yǐ jiào huà wéi dà wù lì tài xué yǐ
5 是故古之王者莫不以教化为大务，立大学以
jiào yú guó shè xiáng xù yǐ huà yú yì jiào huà yǐ míng xí sú yǐ
教于国，设庠序以化于邑。教化已明，习俗已
chéng tiān xià cháng wú yī rén zhī yù yǐ
成，天下尝无一人之狱矣。

lǐ yuè zhì dì èr
——《礼乐志第二》

kǒng zǐ yuē gǔ zhī zhī fǎ zhě néng shěng xíng běn yě jīn zhī
6 孔子曰：“古之知法者能省刑，本也；今之
zhī fǎ zhě bù shī yǒu zuì mò yǐ yòu yuē jīn zhī tīng yù zhě
知法者不失有罪，末矣。”又曰：“今之听狱者，
qiú suǒ yǐ shā zhī gǔ zhī tīng yù zhě qiú suǒ yǐ shēng zhī yǔ qí
求所以杀之；古之听狱者，求所以生之。”与其

杀不辜，宁失有罪。

——《刑法志第三》

7　士农工商，四民有业。学以居位曰士，辟土殖谷曰农，作巧成器曰工，通财鬻货曰商。圣王量能授事，四民陈力受职，故朝亡废官，邑亡敖民，地亡旷土。

——《食货志第四上》

8　以为《河图》、《洛书》相为经纬，八卦、九章相为表里。昔殷道弛，文王演《周易》；周道敝，孔子述《春秋》。则《乾》《坤》之阴阳，效《洪范》之咎征，天人之道粲然著矣。

——《五行志第七上》

9　《论语》者，孔子应答弟子时人及弟子相与言而接闻于夫子之语也。当时弟子各有所记。夫子既卒，门人相与辑而论篹，故谓之《论语》。

——《艺文志第十》

liù yì zhī wén yuè yǐ hé shén rén zhī biǎo yě shī
10 六艺之文：《乐》以和神，仁之表也；《诗》
yǐ zhèng yán yì zhī yòng yě lǐ yǐ míng tǐ míng zhě zhù jiàn
以正言，义之用也；《礼》以明体，明者著见，
gù wú xùn yě shū yǐ guǎng tīng zhī zhī shù yě chūn qiū
故无训也；《书》以广听，知之术也；《春秋》
yǐ duàn shì xìn zhī fú yě wǔ zhě gài wǔ cháng zhī dào xiāng xū
以断事，信之符也。五者，盖五常之道，相须
ér bèi ér yì wéi zhī yuán gù yuē yì bù kě jiàn
而备，而《易》为之原。故曰“《易》不可见，
zé qián kūn huò jī hū xī yǐ yán yǔ tiān dì wéi zhōng shǐ yě
则乾坤或几乎息矣”，言与天地为终始也。

yì wén zhì dì shí
——《艺文志第十》

rú jiā zhě liú gài chū yú sī tú zhī guān zhù rén jūn shùn yīn yáng
11 儒家者流，盖出于司徒之官，助人君顺阴阳
míng jiào huà zhě yě yóu wén yú liù jīng zhī zhōng liú yì yú rén yì zhī
明教化者也。游文于六经之中，留意于仁义之
jì zǔ shù yáo shùn xiàn zhāng wén wǔ zōng shī zhòng ní yǐ
际，祖述尧、舜，宪章文、武，宗师仲尼，以
zhòng qí yán yú dào zuì wéi gāo
重其言，于道最为高。

yì wén zhì dì shí
——《艺文志第十》

dào jiā zhě liú gài chū yú shǐ guān lì jì chéng bài cún wáng huò
12 道家者流，盖出于史官，历记成败存亡祸
fú gǔ jīn zhī dào rán hòu zhī bǐng yào zhí běn qīng xū yǐ zì shǒu bēi
福古今之道，然后知秉要执本，清虚以自守，卑
ruò yǐ zì chí cǐ jūn rén nán miàn zhī shù yě hé yú yáo zhī kè ràng
弱以自持，此君人南面之术也。合于尧之克攘，
yì zhī qiān qiān yì qiān ér sì yì cǐ qí suǒ cháng yě
《易》之嗛嗛。一谦而四益，此其所长也。

yì wén zhì dì shí
——《艺文志第十》

13 上尝从容与信言诸将能各有差。上问曰：“如我，能将几何？”信曰：“陛下不过能将十万。”上曰：“如公何如？”曰：“如臣，多多益办耳。”上笑曰：“多多益办，何为为我禽？”信曰：“陛下不能将兵，而善将将，此乃信之为陛下禽也。且陛下所谓天授，非人力也。”

——《韩彭英卢吴传第四》

14 河间献王德以孝景前二年立，修学好古，实事求是。从民得善书，必为好写与之，留其真，加金帛赐以招之。繇是四方道术之人不远千里，或有先祖旧书，多奉以奏献王者。

——《景十三王传第二十三》

15 故曰：“水至清则无鱼，人至察则无徒。冕而前旒，所以蔽明；黈纩充耳，所以塞聪。”明有所不见，聪有所不闻，举大德，赦小过，无求备于一人之义也。枉而直之，使自得之；优而

róu zhī shǐ zì qiú zhī kuí ér duó zhī shǐ zì suǒ zhī gài shèng
柔之，使自求之；揆而度之，使自索之。盖圣
rén jiào huà rú cǐ yù zì dé zhī zì dé zhī zé mǐn qiě guǎng yǐ
人教化如此，欲自得之；自得之，则敏且广矣。

dōng fāng shuò zhuàn dì sān shí wǔ
——《东方朔传第三十五》

zhòng ní jì mò qī shí zǐ zhī tú sàn yóu zhū hóu dà zhě wéi
16 仲尼既没，七十子之徒散游诸侯，大者为
qīng xiàng shī fù xiǎo zhě yǒu jiào shì dà fū huò yǐn ér bú jiàn gù
卿相师傅，小者友教士大夫，或隐而不见。故
zǐ zhāng jū chén tán tái zǐ yǔ jū chǔ zǐ xià jū xī hé zǐ gòng
子张居陈，澹台子羽居楚，子夏居西河，子贡
zhōng yú qí rú tián zǐ fāng duàn gān mù wú qǐ qín gǔ lí zhī
终于齐。如田子方、段干木、吴起、禽滑厘之
shǔ jiē shòu yè yú zǐ xià zhī lún wéi wáng zhě shī
属，皆受业于子夏之伦，为王者师。

rú lín zhuàn dì wǔ shí bā
——《儒林传第五十八》

gài zài gāo zǔ qí xīng yě yǒu wǔ yī yuē dì yáo zhī miáo yì
17 盖在高祖，其兴也有五：一曰帝尧之苗裔，
èr yuē tǐ mào duō qí yì sān yuē shén wǔ yǒu zhēng yìng sì yuē kuān míng
二曰体貌多奇异，三曰神武有征应，四曰宽明
ér rén shù wǔ yuē zhī rén shàn rèn shǐ jiā zhī yǐ xìn chéng hào móu
而仁恕，五曰知人善任使。加之以信诚好谋，
dá yú tīng shòu jiàn shàn rú bù jí yòng rén rú yóu jǐ cóng jiàn rú shùn
达于听受，见善如不及，用人如由己，从谏如顺
liú qū shí rú xiǎng fù
流，趣时如响赴。

xù zhuàn dì qī shí shàng
——《叙传第七十上》

fán hàn shū xù dì huáng liè guān sī jiàn hóu wáng zhǔn
18 凡《汉书》，叙帝皇，列官司，建侯王。准

tiān dì tǒng yīn yáng chǎn yuán jí bù sān guāng fēn zhōu yù wù
天地，统阴阳，阐元极，步三光。分州域，物

tǔ jiāng qióng rén lǐ gāi wàn fāng wěi liù jīng zhuì dào gāng
土疆，穷人理，该万方。纬《六经》，缀道纲，

zǒng bǎi shì zàn piān zhāng hán yǎ gù tōng gǔ jīn zhèng wén zì
总百氏，赞篇章。函雅故，通古今，正文字，

wéi xué lín shù xù zhuàn dì qī shí
惟学林。述《叙传》第七十。

xù zhuàn dì qī shí xià
——《叙传第七十下》

hòu hàn shū

《后汉书》（节选）

huáng tài zǐ jiàn dì qín láo bú dài chéng jiān jiàn yuē bì xià yǒu
1 皇太子见帝勤劳不怠，承间谏曰：“陛下有
yǔ tāng zhī míng ér shī huáng lǎo yǎng xìng zhī fú yuàn yí ài jīng
禹、汤之明，而失黄、老养性之福，愿颐爱精
shén yōu yóu zì níng dì yuē wǒ zì lè cǐ bù wéi pí yě
神，优游自宁。”帝曰：“我自乐此，不为疲也。”
suī shēn jì dà yè jīng jīng rú bù jí gù néng míng shèn zhèng tǐ zǒng lǎn
虽身济大业，兢兢如不及，故能明慎政体，总揽
quán gāng liàng shí duó lì jǔ wú guò shì
权纲，量时度力，举无过事。

guāng wǔ dì jì dì yī xià
——《光武帝纪第一下》

gài wén shàng zhì bù chǔ wēi yǐ jiǎo xìng zhōng zhì néng yīn wēi yǐ wéi
2 盖闻上智不处危以侥幸，中智能因危以为
gōng xià yú ān yú wēi yǐ zì wáng wēi wáng zhī zhì zài rén suǒ yóu
功，下愚安于危以自亡。危亡之至，在人所由，
bù kě bù chá
不可不察。

wú gài chén zāng liè zhuàn dì bā
——《吴盖陈臧列传第八》

gěng gōng yǐ dān bīng gù shǒu gū chéng dāng xiōng nú zhī chōng duì shù wàn
3 耿恭以单兵固守孤城，当匈奴之冲，对数万

zhī zhòng lián yuè yú nián xīn lì kùn jìn záo shān wéi jǐng zhǔ nǔ wéi
之众，连月逾年，心力困尽。凿山为井，煮弩为
liáng chū yú wàn sǐ wú yì shēng zhī wàng qián hòu shā shāng chǒu lǔ shù qiān
粮，出于万死无一生之望。前后杀伤丑虏数千
bǎi jì zú quán zhōng yǒng bú wèi dà hàn chǐ gōng zhī jié yì gǔ jīn
百计，卒全忠勇，不为大汉耻。恭之节义，古今
wèi yǒu yí méng xiǎn jué yǐ lì jiàng shuài
未有。宜蒙显爵，以厉将帅。

gěng yǎn liè zhuàn dì jiǔ
——《耿弇列传第九》

fú gǎi zhèng yí fēng bì yǒu qí běn zhuàn yuē wú wáng hào
4 夫改政移风，必有其本。《传》曰：“吴王好
jiàn kè bǎi xìng duō chuàng bān chǔ wáng hào xì yāo gōng zhōng duō è
剑客，百姓多创瘢；楚王好细腰，宫中多饿
sǐ cháng ān yǔ yuē chéng zhōng hào gāo jì sì fāng gāo yì chǐ
死。”长安语曰：“城中好高髻，四方高一尺；
chéng zhōng hào guǎng méi sì fāng qiě bàn é chéng zhōng hào dà xiù sì fāng
城中好广眉，四方且半额；城中好大袖，四方
quán pǐ bó sī yán rú xì yǒu qiè shì shí
全匹帛。”斯言如戏，有切事实。

mǎ yuán liè zhuàn dì shí sì
——《马援列传第十四》

shí dì zǐ hú yáng gōng zhǔ xīn guǎ dì yǔ gòng lùn cháo chén wēi guān
5 时帝姊湖阳公主新寡，帝与共论朝臣，微观
qí yì zhǔ yuē sòng gōng wēi róng dé qì qún chén mò jí dì
其意。主曰：“宋公威容德器，群臣莫及。”帝
yuē fāng qiě tú zhī hòu hóng bèi yǐn jiàn dì lìng zhǔ zuò píng fēng
曰：“方且图之。”后弘被引见，帝令主坐屏风
hòu yīn wèi hóng yuē yàn yán guì yì jiāo fù yì qī rén qíng
后，因谓弘曰：“谚言贵易交，富易妻，人情
hū hóng yuē chén wén pín jiàn zhī zhī bù kě wàng zāo kāng zhī qī bú
乎？”弘曰：“臣闻贫贱之知不可忘，糟糠之妻不

xià táng dì gù wèi zhǔ yuē shì bù xié yǐ
下堂。”帝顾谓主曰：“事不谐矣。”

fú hóu sòng cài féng zhào móu wéi liè zhuàn dì shí liù
——《伏侯宋蔡冯赵牟韦列传第十六》

lùn yuē zì qín fén liù jīng shèng wén āi miè hàn xīng zhū
6 论曰：自秦焚《六经》，圣文埃灭。汉兴，诸
rú pō xiū yì wén jí dōng jīng xué zhě yì gè míng jiā ér shǒu wén zhī
儒颇修艺文；及东京，学者亦各名家。而守文之
tú zhì gù suǒ bǐng yì duān fēn yún hù xiāng guǐ jī suì lìng jīng yǒu
徒，滞固所禀，异端纷纭，互相诡激，遂令经有
shù jiā jiā yǒu shù shuō zhāng jù duō zhě huò nǎi bǎi yú wàn yán xué tú
数家，家有数说，章句多者或乃百余万言，学徒
láo ér shǎo gōng hòu shēng yí ér mò zhèng zhèng xuán kuò náng dà diǎn wǎng luó
劳而少功，后生疑而莫正。郑玄括囊大典，网罗
zhòng jiā shān cái fán wū kān gǎi lòu shī zì shì xué zhě luè zhī suǒ guī
众家，删裁繁诬，刊改漏失，自是学者略知所归。

zhāng cáo zhèng liè zhuàn dì èr shí wǔ
——《张曹郑列传第二十五》

chāo yuē bú rù hǔ xué bù dé hǔ zǐ dāng jīn zhī jì dú
7 超曰：“不入虎穴，不得虎子。当今之计，独
yǒu yīn yè yǐ huǒ gōng lǔ shǐ bǐ bù zhī wǒ duō shǎo bì dà zhèn bù
有因夜以火攻虏，使彼不知我多少，必大震怖，
kě tiǎn jìn yě miè cǐ lǔ zé shàn shàn pò dǎn gōng chéng shì lì yǐ
可殄尽也。灭此虏，则鄯善破胆，功成事立矣。”
zhòng yuē dāng yǔ cóng shì yì zhī chāo nù yuē jí xiōng jué yú jīn
众曰：“当与从事议之。”超怒曰：“吉凶决于今
rì cóng shì wén sú lì wén cǐ bì kǒng ér móu xiè sǐ wú suǒ míng
日。从事文俗吏，闻此必恐而谋泄，死无所名，
fēi zhuàng shì yě zhòng yuē shàn
非壮士也！”众曰：“善。”

bān liáng liè zhuàn dì sān shí qī
——《班梁列传第三十七》

dāng zhī jùn dào jīng chāng yì gù suǒ jǔ jīng zhōu mào cái wáng mì wéi
8 当之郡，道经昌邑，故所举荆州茂才王密为
chāng yì lìng yè jiàn zhì yè huái jīn shí jīn yǐ yí zhèn zhèn yuē gù
昌邑令，谒见，至夜怀金十斤以遗震。震曰：“故
rén zhī jūn jūn bù zhī gù rén hé yě mì yuē mù yè wú zhī
人知君，君不知故人，何也？”密曰：“暮夜无知
zhě zhèn yuē tiān zhī shén zhī wǒ zhī zǐ zhī hé wèi wú
者。”震曰：“天知，神知，我知，子知。何谓无
zhī mì kuì ér chū hòu zhuǎn zhuō jùn tài shǒu xìng gōng lián bú shòu sī
知！”密愧而出。后转涿郡太守。性公廉，不受私
yè zǐ sūn cháng shū shí bù xíng gù jiù zhǎng zhě huò yù lìng wèi kāi chǎn yè
谒。子孙常蔬食步行，故旧长者或欲令为开产业，
zhèn bù kěn yuē shǐ hòu shì chēng wéi qīng bái lì zǐ sūn yǐ cǐ yí
震不肯，曰：“使后世称为清白吏子孙，以此遗
zhī bú yì hòu hū
之，不亦厚乎！”

yáng zhèn liè zhuàn dì sì shí sì
——《杨震列传第四十四》

cuī yuàn zhī chēng píng zǐ yuē shù shù qióng tiān dì zhì zuò móu zào
9 崔瑗之称平子曰“数术穷天地，制作侔造
huà sī zhì kě dé ér yán yú tuī qí wéi fàn liǎng yí tiān dì wú suǒ
化”。斯致可得而言欤！推其围范两仪，天地无所
yùn qí líng yùn qíng jī wù yǒu shēng bù néng cān qí zhì gù zhī sī yǐn
蕴其灵；运情机物，有生不能参其智。故知思引
yuān wēi rén zhī shàng shù jì yuē dé chéng ér shàng yì chéng ér
渊微，人之上术。《记》曰：“德成而上，艺成而
xià liáng sī sī yě qǐ fú yì ér yǐ zāi hé dé zhī sǔn hū
下。”量斯思也，岂夫艺而已哉？何德之损乎！

zhāng héng liè zhuàn dì sì shí jiǔ
——《张衡列传第四十九》

shǎng fá zhèng zhī bǐng yě míng shǎng bì fá shěn xìn shèn lìng shǎng
10 赏罚，政之柄也。明赏必罚，审信慎令，赏

yǐ quàn shàn fá yǐ chéng è rén zhǔ bú wàng shǎng fēi tú ài qí cái
以劝善，罚以惩恶。人主不妄赏，非徒爱其财
yě shǎng wàng xíng zé shàn bú quàn yǐ bú wàng fá fēi jīn qí rén yě
也，赏妄行则善不劝矣。不妄罚，非矜其人也，
fá wàng xíng zé è bù chéng yǐ shǎng bú quàn wèi zhī zhǐ shàn fá bù chéng wèi
罚妄行则恶不惩矣。赏不劝谓之止善，罚不惩谓
zhī zòng è zài shàng zhě néng bù zhǐ xià wéi shàn bú zòng xià wéi è zé
之纵恶。在上者能不止下为善，不纵下为恶，则
guó fǎ lì yǐ shì wèi tǒng fǎ
国法立矣。是谓统法。

xún hán zhōng chén liè zhuàn dì wǔ shí èr
——《荀韩钟陈列传第五十二》

11 yòu gǔ zhě tiān zǐ zhū hóu yǒu shì bì gào yú miào cháo yǒu èr shǐ
又古者天子诸侯有事，必告于庙。朝有二史，
zuǒ shǐ jì yán yòu shǐ shū shì shì wéi chūn qiū yán wéi shàng
左史记言，右史书事。事为《春秋》，言为《尚
shū jūn jǔ bì jì shàn è chéng bài wú bù cún yān xià jí shì
书》。君举必记，善恶成败，无不存焉。下及士
shù gǒu yǒu mào yì xián zài zǎi jí huò yù xiǎn ér bù dé huò yù
庶，苟有茂异，咸在载籍。或欲显而不得，或欲
yǐn ér míng zhāng dé shī yì zhāo ér róng rǔ qiān zǎi shàn rén quàn yān
隐而名章。得失一朝，而荣辱千载。善人劝焉，
yín rén jù yān
淫人惧焉。

xún hán zhōng chén liè zhuàn dì wǔ shí èr
——《荀韩钟陈列传第五十二》

12 fú lì diǎn yǒu wǔ zhì yān yī yuē dá dào yì èr yuē zhāng fǎ shì
夫立典有五志焉：一曰达道义，二曰章法式，
sān yuē tōng gǔ jīn sì yuē zhù gōng xūn wǔ yuē biǎo xián néng yú shì tiān
三曰通古今，四曰著功勋，五曰表贤能。于是天
rén zhī jì shì wù zhī yí càn rán xiǎn zhù wǎng bú bèi yǐ shì jì
人之际，事物之宜，粲然显著，罔不备矣。世济

qí guǐ bù yǔn qí yè sǔn yì yíng xū yǔ shí xiāo xī zāng pǐ bù
其轨，不陨其业。损益盈虚，与时消息。臧否不
tóng qí kuí yī yě
同，其揆一也。

xún hán zhōng chén liè zhuàn dì wǔ shí èr
——《荀韩钟陈列传第五十二》

lún yǒu cái xué jìn xīn dūn shèn shù fàn yán yán kuāng bì dé shī
13 伦有才学，尽心敦慎，数犯严颜，匡弼得失。
měi zhì xiū mù zhé bì mén jué bīn bào tǐ tián yě hòu jiā wèi shàng fāng
每至休沐，辄闭门绝宾，暴体田野。后加位尚方
lìng yǒng yuán jiǔ nián jiān zuò mì jiàn jí zhū qì xiè mò bù jīng gōng jiān
令。永元九年，监作秘剑及诸器械，莫不精工坚
mì wéi hòu shì fǎ zì gǔ shū qì duō biān yǐ zhú jiǎn qí yòng jiān bó
密，为后世法。自古书契多编以竹简，其用缣帛
zhě wèi zhī wéi zhǐ jiān guì ér jiǎn zhòng bìng bú biàn yú rén lún nǎi zào
者谓之为纸。缣贵而简重，并不便于人。伦乃造
yì yòng shù fū má tóu jí bì bù yú wǎng yǐ wéi zhǐ yuán xīng yuán
意，用树肤、麻头及敝布、鱼网以为纸。元兴元
nián zòu shàng zhī dì shàn qí néng zì shì mò bù cóng yòng yān gù tiān xià
年奏上之，帝善其能，自是莫不从用焉，故天下
xián chēng cài hóu zhǐ
咸称“蔡侯纸”。

huàn zhě liè zhuàn dì liù shí bā
——《宦者列传第六十八》

shí tiān dà hàn bái cì shǐ yuē wǔ yuè yī rì dāng yǒu dà
14 时天大旱，白刺史曰：“五月一日，当有大
shuǐ qí biàn yǐ zhì bù kě fáng jiù yí lìng lì rén yù wèi qí bèi
水，其变已至，不可防救，宜令吏人豫为其备。”
cì shǐ bù tīng wén gōng dú chǔ dà chuán bǎi xìng huò wén pō yǒu wèi fáng
刺史不听，文公独储大船，百姓或闻，颇有为防
zhě dào qí rì hàn liè wén gōng jí mìng cù zǎi shǐ bái cì shǐ cì
者。到其日旱烈，文公急命促载，使白刺史，刺

史笑之。日将中，天北云起，须臾大雨，至晡时，湔水涌起十余丈，突坏庐舍，所害数千人。文公遂以占术驰名。辟司空掾。平帝即位，称疾归家。

——《方术列传第七十二上》

15 会稽海外有东鳀人，分为二十余国。又有夷洲及澶洲。传言秦始皇遣方士徐福将童男女数千人入海，求蓬莱神仙不得，徐福畏诛不敢还，遂止此洲，世世相承，有数万家。人民时至会稽市。会稽东治县人有入海行遭风，流移至澶洲者。所在绝远，不可往来。

——《东夷列传第七十五》

16 世传明帝梦见金人，长大，顶有光明，以问群臣。或曰："西方有神，名曰佛，其形长丈六尺而黄金色。"帝于是遣使天竺问佛道法，遂于中国图画形象焉。楚王英始信其术，中国因此颇有奉其道者。后桓帝好神，数祀浮图、老子，百

xìng shāo yǒu fèng zhě hòu suì zhuǎn shèng
姓稍有奉者，后遂转盛。

xī yù zhuàn dì qī shí bā
——《西域传第七十八》

tiān dào jīng wēi dù shù nán dìng shù fǎ duō duān lì jì fēi yī
17 天道精微，度数难定，术法多端，历纪非一，
wèi yàn wú yǐ zhī qí shì wèi chā wú yǐ zhī qí shī shī rán hòu gǎi zhī
未验无以知其是，未差无以知其失。失然后改之，
shì rán hòu yòng zhī cǐ wèi yǔn zhí qí zhōng
是然后用之，此谓允执其中。

lǜ lì zhōng
——《律历中》

hàn shū dì lǐ zhì chéng qín sān shí liù jùn xiàn yì shù bǎi
18 《汉书·地理志》承秦三十六郡，县邑数百，
hòu shāo fēn xī zhì yú xiào píng fán jùn guó bǎi sān xiàn yì
后稍分析，至于孝平，凡郡、国百三，县、邑、
dào hóu guó qiān wǔ bǎi bā shí qī shì zǔ zhōng xīng wéi guān duō yì fán
道、侯国千五百八十七。世祖中兴，惟官多役烦，
nǎi mìng bìng hé shěng jùn guó shí xiàn yì dào hóu guó sì bǎi
乃命并合，省郡、国十，县、邑、道、侯国四百
yú suǒ zhì míng dì zhì jùn yī zhāng dì zhì jùn guó èr hé dì zhì
余所。至明帝置郡一，章帝置郡、国二，和帝置
sān ān dì yòu mìng shǔ guó bié lǐng bǐ jùn zhě liù yòu suǒ shěng xiàn jiàn fù
三，安帝又命属国别领比郡者六，又所省县渐复
fēn zhì zhì yú xiào shùn fán jùn guó bǎi wǔ xiàn yì dào
分置。至于孝顺，凡郡、国百五，县、邑、道、
hóu guó qiān yī bǎi bā shí mín hù jiǔ bǎi liù shí jiǔ wàn bā qiān liù bǎi sān
侯国千一百八十，民户九百六十九万八千六百三
shí kǒu sì qiān jiǔ bǎi yī shí wǔ wàn èr bǎi èr shí
十，口四千九百一十五万二百二十。

jùn guó wǔ
——《郡国五》

sān guó zhì

《三国志》（节选）

shào yuē wú nán jù hé běi zǔ yān dài jiān róng dí zhī zhòng nán xiàng yǐ zhēng tiān xià shù kě yǐ jì hū gōng yuē wú rèn tiān xià zhī zhì lì yǐ dào yù zhī wú suǒ bù kě

1 绍曰：“吾南据河，北阻燕、代，兼戎狄之众，南向以争天下，庶可以济乎？”公曰：“吾任天下之智力，以道御之，无所不可。”

wèi shū wǔ dì jì dì yī

——《魏书·武帝纪第一》

gǔ zhī jiàn guān suǒ yǐ jì yù qún shēng tǒng lǐ mín wù yě gù wéi zhī jūn zhǎng yǐ sī mù zhī sī mù zhī zhǔ yù yī ér zhuān yī zé guān rèn dìng ér shàng xià ān zhuān zé zhí yè xiū ér shì bù fán fú shì jiǎn yè xiū shàng xià xiāng ān ér bú zhì zhě wèi zhī yǒu yě

2 古之建官，所以济育群生，统理民物也，故为之君长以司牧之。司牧之主，欲一而专，一则官任定而上下安，专则职业修而事不烦。夫事简业修，上下相安而不治者，未之有也。

wèi shū zhū xià hóu cáo zhuàn dì jiǔ

——《魏书·诸夏侯曹传第九》

fú bīng zhě xiōng qì yě bù dé yǐ ér yòng zhī gǔ zhī yǐ dào dé zhēng zhī yǐ rén yì jiān fǔ qí mín ér chú qí hài fú rán gù

3 夫兵者，凶器也，不得已而用之。鼓之以道德，征之以仁义，兼抚其民而除其害。夫然，故

kě yǔ zhī sǐ ér kě yǔ zhī shēng
可与之死而可与之生。

wèi shū yuán zhāng liáng guó tián wáng bǐng guǎn zhuàn dì shí yī
——《魏书·袁张凉国田王邴管传第十一》

chén wén shì zhī shēng shì rù zé shì fù chū zé shì jūn shì fù
4 臣闻士之生世，入则事父，出则事君；事父

shàng yú róng qīn shì jūn guì yú xīng guó gù cí fù bù néng ài wú yì zhī
尚于荣亲，事君贵于兴国。故慈父不能爱无益之

zǐ rén jūn bù néng xù wú yòng zhī chén fú lùn dé ér shòu guān zhě chéng
子，仁君不能畜无用之臣。夫论德而授官者，成

gōng zhī jūn yě liàng néng ér shòu jué zhě bì mìng zhī chén yě gù jūn wú
功之君也；量能而受爵者，毕命之臣也。故君无

xū shòu chén wú xū shòu xū shòu wèi zhī miù jǔ xū shòu wèi zhī shī
虚授，臣无虚受；虚授谓之谬举，虚受谓之尸

lù shī zhī sù cān suǒ yóu zuò yě
禄，《诗》之“素餐”所由作也。

wèi shū rèn chéng chén xiāo wáng zhuàn dì shí jiǔ
——《魏书·任城陈萧王传第十九》

xī hàn wǔ wèi huò qù bìng zhì dì cí yuē xiōng nú wèi miè chén
5 昔汉武为霍去病治第，辞曰：“匈奴未灭，臣

wú yǐ jiā wéi fú yōu guó wàng jiā juān qū jì nàn zhōng chén zhī zhì yě
无以家为！”夫忧国忘家，捐躯济难，忠臣之志也。

wèi shū rèn chéng chén xiāo wáng zhuàn dì shí jiǔ
——《魏书·任城陈萧王传第十九》

shèng rén bù yǐ zhì qīng sú wáng zhě bù yǐ rén fèi yán gù néng chéng
6 圣人不以智轻俗，王者不以人废言。故能成

gōng yú qiān zǎi zhě bì yǐ jìn chá yuǎn zhì zhōu yú dú duàn zhě bù chǐ
功于千载者，必以近察远，智周于独断者，不耻

yú xià wèn yì yù bó cǎi bì jìn yú zhòng yě
于下问，亦欲博采必尽于众也。

wèi shū wáng wèi èr liú fù zhuàn dì èr shí yī
——《魏书·王卫二刘傅传第二十一》

yǔ yuē rú bù zhī zú zé shī suǒ yù gù zhī zú zhī zú
7 语曰：“如不知足，则失所欲。”故知足之足
cháng zú yǐ lǎn wǎng shì zhī chéng bài chá jiāng lái zhī jí xiōng wèi yǒu
常足矣。览往事之成败，察将来之吉凶，未有
gān míng yāo lì yù ér bú yàn ér néng bǎo shì chí jiā yǒng quán fú lù
干名要利，欲而不厌，而能保世持家，永全福禄
zhě yě
者也。

wèi shū xú hú èr wáng zhuàn dì èr shí qī
——《魏书·徐胡二王传第二十七》

xī fú bō jiāng jūn mǎ yuán jiè qí xiōng zǐ yán wén rén zhī è
8 昔伏波将军马援戒其兄子，言：“闻人之恶，
dāng rú wén fù mǔ zhī míng ěr kě dé ér wén kǒu bù kě dé ér yán
当如闻父母之名；耳可得而闻，口不可得而言
yě sī jiè zhì yǐ rén huò huǐ jǐ dāng tuì ér qiú zhī yú shēn
也。”斯戒至矣。人或毁己，当退而求之于身。
ruò jǐ yǒu kě huǐ zhī xíng zé bǐ yán dàng yǐ ruò jǐ wú kě huǐ zhī xíng
若己有可毁之行，则彼言当矣；若己无可毁之行，
zé bǐ yán wàng yǐ dàng zé wú yuàn yú bǐ wàng zé wú hài yú shēn yòu
则彼言妄矣。当则无怨于彼，妄则无害于身，又
hé fǎn bào yān qiě wén rén huǐ jǐ ér fèn zhě wù chǒu shēng zhī jiā rén yě
何反报焉？且闻人毁己而忿者，恶丑声之加人也，
rén bào zhě zī shèn bù rú mò ér zì xiū jǐ yě yàn yuē jiù hán mò
人报者滋甚，不如默而自修己也。谚曰：“救寒莫
rú chóng qiú zhǐ bàng mò rú zì xiū sī yán xìn yǐ
如重裘，止谤莫如自修。”斯言信矣。

wèi shū xú hú èr wáng zhuàn dì èr shí qī
——《魏书·徐胡二王传第二十七》

chén běn bù yī gōng gēng yú nán yáng gǒu quán xìng mìng yú luàn shì
9 臣本布衣，躬耕于南阳，苟全性命于乱世，
bù qiú wén dá yú zhū hóu xiān dì bù yǐ chén bēi bǐ wěi zì wǎng qū
不求闻达于诸侯。先帝不以臣卑鄙，猥自枉屈，

sān gù chén yú cǎo lú zhī zhōng zī chén yǐ dāng shì zhī shì yóu shì gǎn
三顾臣于草庐之中，谘臣以当世之事，由是感

jī suì xǔ xiān dì yǐ qū chí
激，遂许先帝以驱驰。

shǔ shū zhū gě liàng zhuàn dì wǔ
——《蜀书·诸葛亮传第五》

yǔ cháng wéi liú shǐ suǒ zhòng guàn qí zuǒ bì hòu chuāng suī yù
10 羽尝为流矢所中，贯其左臂，后创虽愈，

měi zhì yīn yǔ gǔ cháng téng tòng yī yuē shǐ zú yǒu dú dú rù
每至阴雨，骨常疼痛，医曰："矢镞有毒，毒入

yú gǔ dāng pò bì zuò chuāng guā gǔ qù dú rán hòu cǐ huàn nǎi chú
于骨，当破臂作创，刮骨去毒，然后此患乃除

ěr yǔ biàn shēn bì lìng yī pī zhī shí yǔ shì qǐng zhū jiàng yǐn shí xiāng
耳。"羽便伸臂令医劈之。时羽适请诸将饮食相

duì bì xuè liú lí yíng yú pán qì ér yǔ gē zhì yǐn jiǔ yán xiào
对，臂血流离，盈于盘器，而羽割炙引酒，言笑

zì ruò
自若。

shǔ shū guān zhāng mǎ huáng zhào zhuàn dì liù
——《蜀书·关张马黄赵传第六》

guān yǔ zhāng fēi jiē chēng wàn rén zhī dí wéi shì hǔ chén yǔ bào
11 关羽、张飞皆称万人之敌，为世虎臣。羽报

xiào cáo gōng fēi yì shì yán yán bìng yǒu guó shì zhī fēng rán yǔ gāng ér
效曹公，飞义释严颜，并有国士之风。然羽刚而

zì jīn fēi bào ér wú ēn yǐ duǎn qǔ bài lǐ shù zhī cháng yě
自矜，飞暴而无恩，以短取败，理数之常也。

shǔ shū guān zhāng mǎ huáng zhào zhuàn dì liù
——《蜀书·关张马黄赵传第六》

chén wén yǒu dào zhī jūn yǐ lè lè mín wú dào zhī jūn yǐ lè
12 臣闻有道之君，以乐乐民；无道之君，以乐

lè shēn lè mín zhě qí lè mí cháng lè shēn zhě bú lè ér wáng
乐身。乐民者，其乐弥长；乐身者，不乐而亡。

fú mín zhě guó zhī gēn yě chéng yí zhòng qí shí ài qí mìng mín
夫民者，国之根也，诚宜重其食，爱其命。民
ān zé jūn ān mín lè zé jūn lè
安则君安，民乐则君乐。

wú shū pān jùn lù kǎi zhuàn dì shí liù
——《吴书·潘濬陆凯传第十六》

zī zhì tōng jiàn

《资治通鉴》（节选）

shū yì yuē wáng rén qiú duō wén shí wéi jiàn shì

1 《书》亦曰：“王，人求多闻，时惟建事。”

shī shū chūn qiū jiē suǒ yǐ míng hū dé shī zhī jì cún

《诗》、《书》、《春秋》，皆所以明乎得失之迹，存

wáng dào zhī zhèng chuí jiàn jiè yú hòu shì zhě yě

王道之正，垂鉴戒于后世者也。

zī zhì tōng jiàn xù

——《资治通鉴序》

shì gù cái dé quán jìn wèi zhī shèng rén cái dé jiān wú wèi zhī

2 是故才德全尽谓之“圣人”，才德兼亡谓之

yú rén dé shèng cái wèi zhī jūn zǐ cái shèng dé wèi zhī xiǎo

“愚人”；德胜才谓之“君子”，才胜德谓之“小

rén fán qǔ rén zhī shù gǒu bù dé shèng rén jūn zǐ ér yǔ zhī

人”。凡取人之术，苟不得圣人、君子而与之，

yǔ qí dé xiǎo rén bú ruò dé yú rén hé zé jūn zǐ xié cái yǐ wéi

与其得小人，不若得愚人。何则？君子挟才以为

shàn xiǎo rén xié cái yǐ wéi è xié cái yǐ wéi shàn zhě shàn wú bú zhì

善，小人挟才以为恶。挟才以为善者，善无不至

yǐ xié cái yǐ wéi è zhě è yì wú bú zhì yǐ yú zhě suī yù wéi

矣；挟才以为恶者，恶亦无不至矣。愚者虽欲为

bú shàn zhì bù néng zhōu lì bù néng shèng pì rú rǔ gǒu bó rén rén

不善，智不能周，力不能胜，譬如乳狗搏人，人

dé ér zhì zhī
得而制之。

zhōu jì yī
——《周纪一》

chū mèng zǐ shī zǐ sī cháng wèn mù mín zhī dào hé xiān zǐ sī
3 初，孟子师子思，尝问牧民之道何先。子思
yuē xiān lì zhī mèng zǐ yuē jūn zǐ suǒ yǐ jiào mín zhě yì
曰：“先利之。”孟子曰：“君子所以教民者，亦
rén yì ér yǐ yǐ hé bì lì zǐ sī yuē rén yì gù suǒ yǐ lì
仁义而已矣，何必利！”子思曰：“仁义固所以利
zhī yě shàng bù rén zé xià bù dé qí suǒ shàng bú yì zé xià lè wéi
之也。上不仁则下不得其所，上不义则下乐为
zhà yě cǐ wéi bú lì dà yǐ gù yì yuē lì zhě yì
诈也，此为不利大矣。故《易》曰：‘利者，义
zhī hé yě yòu yuē lì yòng ān shēn yǐ chóng dé yě cǐ jiē
之和也。’又曰：‘利用安身，以崇德也。’此皆
lì zhī dà zhě yě
利之大者也。”

zhōu jì èr
——《周纪二》

xún yuè lùn yuē fú lì cè jué shèng zhī shù qí yào yǒu sān yī
4 荀悦论曰：夫立策决胜之术，其要有三：一
yuē xíng èr yuē shì sān yuē qíng xíng zhě yán qí dà tǐ dé shī zhī
曰形，二曰势，三曰情。形者，言其大体得失之
shù yě shì zhě yán qí lín shí zhī yí jìn tuì zhī jī yě qíng
数也；势者，言其临时之宜、进退之机也；情
zhě yán qí xīn zhì kě fǒu zhī shí yě gù cè tóng shì děng ér gōng shū
者，言其心志可否之实也。故策同、事等而功殊
zhě sān shù bù tóng yě
者，三术不同也。

hàn jì èr
——《汉纪二》

fú yào dào zhī běn zhèng jǐ ér yǐ yǐ píng zhí zhēn shí zhě zhèng
5 夫要道之本，正己而已矣。平直真实者，正
zhī zhǔ yě gù dé bì hé qí zhēn rán hòu shòu qí wèi néng bì hé qí
之主也。故德必核其真，然后授其位；能必核其
zhēn rán hòu shòu qí shì gōng bì hé qí zhēn rán hòu shòu qí shǎng zuì
真，然后授其事；功必核其真，然后授其赏；罪
bì hé qí zhēn rán hòu shòu qí xíng xíng bì hé qí zhēn rán hòu guì zhī
必核其真，然后授其刑；行必核其真，然后贵之；
yán bì hé qí zhēn rán hòu xìn zhī wù bì hé qí zhēn rán hòu yòng zhī
言必核其真，然后信之；物必核其真，然后用之；
shì bì hé qí zhēn rán hòu xiū zhī gù zhòng zhèng jī yú shàng wàn shì shí
事必核其真，然后修之。故众正积于上，万事实
yú xià xiān wáng zhī dào rú sī ér yǐ yǐ
于下，先王之道，如斯而已矣！

hàn jì èr shí yī
——《汉纪二十一》

qí xù zhū zǐ fēn wéi jiǔ liú yuē rú yuē dào yuē yīn yáng
6 其叙诸子，分为九流：曰儒，曰道，曰阴阳，
yuē fǎ yuē míng yuē mò yuē zòng héng yuē zá yuē nóng yǐ wéi
曰法，曰名，曰墨，曰从横，曰杂，曰农，以为：
jiǔ jiā jiē qǐ yú wáng dào jì wēi zhū hóu lì zhèng shí jūn shì zhǔ hào
“九家皆起于王道既微，诸侯力政，时君世主好
wù shū fāng shì yǐ jiǔ jiā zhī shù fēng chū bìng zuò gè yǐn yì duān chóng
恶殊方，是以九家之术蜂出并作，各引一端，崇
qí suǒ shàn yǐ cǐ chí shuō qǔ hé zhū hóu qí yán suī shū pì rú
其所善，以此驰说，取合诸侯，其言虽殊，譬如
shuǐ huǒ xiāng miè yì xiāng shēng yě rén zhī yǔ yì jìng zhī yǔ hé xiāng
水火相灭，亦相生也；仁之与义，敬之与和，相
fǎn ér jiē xiāng chéng yě
反而皆相成也。”

hàn jì èr shí wǔ
——《汉纪二十五》

wéi zhì zhī yào mò xiān yú yòng rén ér zhī rén zhī dào shèng xián
7 为治之要，莫先于用人，而知人之道，圣贤
suǒ nán yě shì gù qiú zhī yú huǐ yù zé ài zēng jìng jìn ér shàn è hún
所难也。是故求之于毁誉，则爱憎竞进而善恶浑
xiáo kǎo zhī yú gōng zhuàng zé qiǎo zhà héng shēng ér zhēn wěi xiāng mào yào
殽；考之于功状，则巧诈横生而真伪相冒。要
zhī qí běn zài yú zhì gōng zhì míng ér yǐ yǐ
之，其本在于至公至明而已矣。

wèi jì wǔ
——《魏纪五》

gǔ rén yǒu yán jūn míng chén zhí péi jǔ nìng yú suí ér zhōng yú
8 古人有言：君明臣直。裴矩佞于隋而忠于
táng fēi qí xìng zhī yǒu biàn yě jūn wù wén qí guò zé zhōng huà wéi
唐，非其性之有变也；君恶闻其过，则忠化为
nìng jūn lè wén zhí yán zé nìng huà wéi zhōng shì zhī jūn zhě biǎo yě
佞，君乐闻直言，则佞化为忠。是知君者表也，
chén zhě yǐng yě biǎo dòng zé yǐng suí yǐ
臣者景也，表动则景随矣。

táng jì bā
——《唐纪八》

shàng wèn wèi zhēng yuē rén zhǔ hé wéi ér míng hé wéi ér àn
9 上问魏征曰：“人主何为而明，何为而暗？”
duì yuē jiān tīng zé míng piān xìn zé àn xī yáo qīng wèn xià mín
对曰：“兼听则明，偏信则暗。昔尧清问下民，
gù yǒu miáo zhī è dé yǐ shàng wén shùn míng sì mù dá sì cōng gù
故有苗之恶得以上闻；舜明四目，达四聪，故
gòng gǔn huān dōu bù néng bì yě qín èr shì piān xìn zhào gāo yǐ chéng
共、鲧、驩兜不能蔽也。秦二世偏信赵高，以成
wàng yí zhī huò liáng wǔ dì piān xìn zhū yì yǐ qǔ tái chéng zhī rǔ suí
望夷之祸；梁武帝偏信朱异，以取台城之辱；隋
yáng dì piān xìn yú shì jī yǐ zhì péng chéng gé zhī biàn shì gù rén jūn jiān
炀帝偏信虞世基，以致彭城阁之变。是故人君兼

tīng guǎng nà zé guì chén bù dé yōng bì ér xià qíng dé yǐ shàng tōng
听广纳，则贵臣不得拥蔽，而下情得以上通

yě shàng yuē shàn
也。”上曰：“善！”

táng jì bā
——《唐纪八》

shèng rén bù miǎn ér zhòng bù sī ér dé rán bù néng yǐ shòu rén
10 圣人不勉而中，不思而得，然不能以授人，

qí suǒ yǐ shòu rén zhě bì lǐ yuè ér yǐ yǐ lǐ zhě shèng rén zhī
其所以授人者，必礼乐而已矣。礼者，圣人之

suǒ lǚ yě yuè zhě shèng rén zhī suǒ lè yě shèng rén lǚ zhōng zhèng ér
所履也；乐者，圣人之所乐也。圣人履中正而

lè hé píng yòu sī yǔ sì hǎi gòng zhī bǎi shì chuán zhī yú shì hū
乐和平，又思与四海共之，百世传之，于是乎

zuò lǐ yuè yān
作礼乐焉。

táng jì bā
——《唐纪八》

yǐ yǒu shàng wèn jǐ shì zhōng kǒng yǐng dá yuē lún yǔ
11 乙酉，上问给事中孔颖达曰：“《论语》：

yǐ néng wèn yú bù néng yǐ duō wèn yú guǎ yǒu ruò wú shí ruò
‘以能问于不能，以多问于寡，有若无，实若

xū hé wèi yě yǐng dá jù shì qí yì yǐ duì qiě yuē fēi
虚。’何谓也？”颖达具释其义以对，且曰：“非

dú pǐ fū rú shì dì wáng yì rán dì wáng nèi yùn shén míng wài dāng
独匹夫如是，帝王亦然。帝王内蕴神明，外当

xuán mò gù yì chēng yǐ méng yǎng zhèng yǐ míng yí lì zhòng
玄默，故《易》称‘以蒙养正，以明夷莅众。’

ruò wèi jū zūn jí xuàn yào cōng míng yǐ cái líng rén shì fēi jù jiàn
若位居尊极，炫耀聪明，以才陵人，饰非拒谏，

zé xià qíng bù tōng qǔ wáng zhī dào yě shàng shēn shàn qí yán
则下情不通，取亡之道也。”上深善其言。

táng jì jiǔ
——《唐纪九》

shàng cháng bà cháo, nù yuē: "huì xū shā cǐ tián shè wēng." hòu
12 上尝罢朝，怒曰：“会须杀此田舍翁。”后
wèn wéi shuí, shàng yuē: "wèi zhēng měi tíng rǔ wǒ." hòu tuì, jù cháo
问为谁，上曰：“魏征每廷辱我。”后退，具朝
fú lì yú tíng, shàng jīng wèn qí gù. hòu yuē: "qiè wén zhǔ míng chén
服立于庭，上惊问其故。后曰：“妾闻主明臣
zhí; jīn wèi zhēng zhí, yóu bì xià zhī míng gù yě, qiè gǎn bú hè!"
直；今魏征直，由陛下之明故也，妾敢不贺！”
shàng nǎi yuè.
上乃悦。

táng jì shí
——《唐纪十》

shàng wèn wèi zhēng yuē: "qún chén shàng shū kě cǎi, jí zhào duì duō shī
13 上问魏征曰：“群臣上书可采，及召对多失
cì, hé yě?" duì yuē: "chén guān bǎi sī zòu shì, cháng shù rì sī
次，何也？”对曰：“臣观百司奏事，常数日思
zhī, jí zhì shàng qián, sān fēn bù néng dào yī. kuàng jiàn zhě fú yì chù
之，及至上前，三分不能道一。况谏者拂意触
jì, fēi bì xià jiè zhī cí sè, qǐ gǎn jìn qí qíng zāi!" shàng yóu shì
忌，非陛下借之辞色，岂敢尽其情哉！”上由是
jiē qún chén cí sè yù wēn, cháng yuē: "yáng dì duō cāi jì, lín cháo duì
接群臣辞色愈温，尝曰：“炀帝多猜忌，临朝对
qún chén duō bù yǔ. zhèn zé bù rán, yǔ qún chén xiāng qīn rú yì
群臣多不语。朕则不然，与群臣相亲如一
tǐ ěr."
体耳。”

táng jì shí
——《唐纪十》

rén zhǔ chéng néng jiàn kě yù zé sī zhī zú, jiāng xīng shàn zé sī zhī
14 人主诚能见可欲则思知足，将兴缮则思知
zhǐ, chǔ gāo wēi zé sī qiān jiàng, lín mǎn yíng zé sī yì sǔn, yù yì lè
止，处高危则思谦降，临满盈则思挹损，遇逸乐

zé sī zǔn jié zài yàn ān zé sī hòu huàn fáng yōng bì zé sī yán nà
则思撙节，在宴安则思后患，防壅蔽则思延纳，

jí chán xié zé sī zhèng jǐ xíng jué shǎng zé sī yīn xǐ ér jiàn shī xíng fá
疾谗邪则思正己，行爵赏则思因喜而僭，施刑罚

zé sī yīn nù ér làn jiān shì shí sī ér xuǎn xián rèn néng gù kě yǐ
则思因怒而滥，兼是十思，而选贤任能，固可以

wú wéi ér zhì yòu hé bì láo shén kǔ tǐ yǐ dài bǎi sī zhī rèn zāi
无为而治，又何必劳神苦体以代百司之任哉！

táng jì shí
——《唐纪十》

shàng sī zhēng bù yǐ wèi shì chén yuē rén yǐ tóng wéi jìng kě
15 上思征不已，谓侍臣曰：“人以铜为镜，可

yǐ zhèng yī guān yǐ gǔ wéi jìng kě yǐ jiàn xīng tì yǐ rén wéi jìng
以正衣冠，以古为镜，可以见兴替，以人为镜，

kě yǐ zhī dé shī wèi zhēng mò zhèn wáng yí jìng yǐ
可以知得失；魏征没，朕亡一镜矣！”

táng jì shí èr
——《唐纪十二》

shàng wèi shì chén yuē zhèn zì lì tài zǐ yù wù zé huì zhī jiàn
16 上谓侍臣曰：“朕自立太子，遇物则诲之，见

qí fàn zé yuē rǔ zhī jià sè zhī jiān nán zé cháng yǒu sī fàn
其饭，则曰：‘汝知稼穑之艰难，则常有斯饭

yǐ jiàn qí chéng mǎ zé yuē rǔ zhī qí láo yì bù jié qí
矣。’见其乘马，则曰：‘汝知其劳逸，不竭其

lì zé cháng dé chéng zhī yǐ jiàn qí chéng zhōu zé yuē shuǐ suǒ yǐ
力，则常得乘之矣。’见其乘舟，则曰：‘水所以

zài zhōu yì suǒ yǐ fù zhōu mín yóu shuǐ yě jūn yóu zhōu yě jiàn qí
载舟，亦所以覆舟，民犹水也，君犹舟也。’见其

xī yú mù xià zé yuē mù cóng shéng zé zhèng hòu cóng jiàn zé shèng
息于木下，则曰：‘木从绳则正，后从谏则圣。’”

táng jì shí sān
——《唐纪十三》

qún chén jiē chēng bì xià gōng dé rú tiān dì wàn wù bù dé ér
17 群臣皆称：“陛下功德如天地，万物不得而
míng yán shàng yuē bù rán zhèn suǒ yǐ néng jí cǐ zhě zhǐ yóu wǔ
名言。”上曰：“不然。朕所以能及此者，止由五
shì ěr zì gǔ dì wáng duō jí shèng jǐ zhě zhèn jiàn rén zhī shàn ruò jǐ
事耳。自古帝王多疾胜己者，朕见人之善，若己
yǒu zhī rén zhī xíng néng bù néng jiān bèi zhèn cháng qì qí suǒ duǎn qǔ
有之。人之行能，不能兼备，朕常弃其所短，取
qí suǒ cháng rén zhǔ wǎng wǎng jìn xián zé yù zhì zhū huái tuì bú xiào zé yù
其所长。人主往往进贤则欲置诸怀，退不肖则欲
tuī zhū hè zhèn jiàn xián zhě zé jìng zhī bú xiào zhě zé lián zhī xián bú
推诸壑，朕见贤者则敬之，不肖者则怜之，贤不
xiào gè dé qí suǒ rén zhǔ duō wù zhèng zhí yīn zhū xiǎn lù wú dài wú
肖各得其所。人主多恶正直，阴诛显戮，无代无
zhī zhèn jiàn zuò yǐ lái zhèng zhí zhī shì bǐ jiān yú cháo wèi cháng chù
之，朕践祚以来，正直之士，比肩于朝，未尝黜
zé yì rén zì gǔ jiē guì zhōng huá jiàn yí dí zhèn dú ài zhī rú
责一人。自古皆贵中华，贱夷、狄，朕独爱之如
yī gù qí zhǒng luò jiē yī zhèn rú fù mǔ cǐ wǔ zhě zhèn suǒ yǐ chéng
一，故其种落皆依朕如父母。此五者，朕所以成
jīn rì zhī gōng yě
今日之功也。”

táng jì shí sì
——《唐纪十四》

shàng zuò dì fàn shí èr piān yǐ cì tài zǐ yuē jūn tǐ
18 上作《帝范》十二篇以赐太子，曰《君体》、
jiàn qīn qiú xián shěn guān nà jiàn qù chán
《建亲》、《求贤》、《审官》、《纳谏》、《去谗》、
jiè yíng chóng jiǎn shǎng fá wù nóng yuè wǔ
《戒盈》、《崇俭》、《赏罚》、《务农》、《阅武》、
chóng wén qiě yuē xiū shēn zhì guó bèi zài qí zhōng yí dàn bú
《崇文》；且曰：“修身治国，备在其中。一旦不

huì gèng wú suǒ yán yǐ yòu yuē rǔ dāng gèng qiú gǔ zhī zhé wáng yǐ
讳，更无所言矣。”又曰：“汝当更求古之哲王以
wéi shī rú wú bù zú fǎ yě fú qǔ fǎ yú shàng jǐn dé qí
为师，如吾，不足法也。夫取法于上，仅得其
zhōng qǔ fǎ yú zhōng bù miǎn wéi xià
中；取法于中，不免为下。”

táng jì shí sì
——《唐纪十四》

chén wén lì guó zhī běn zài hū dé zhòng dé zhòng zhī yào zài hū
19 臣闻立国之本，在乎得众，得众之要，在乎
jiàn qíng gù zhòng ní yǐ wèi rén qíng zhě shèng wáng zhī tián yán lǐ dào suǒ
见情。故仲尼以谓人情者圣王之田，言理道所
shēng yě
生也。

táng jì sì shí wǔ
——《唐纪四十五》

jiàn zhě duō biǎo wǒ zhī néng hào jiàn zhě zhí shì wǒ zhī néng róng
20 谏者多，表我之能好；谏者直，示我之能容；
jiàn zhě zhī kuáng wū míng wǒ zhī néng shù jiàn zhě zhī lòu xiè zhāng wǒ zhī
谏者之狂诬，明我之能恕；谏者之漏泄，彰我之
néng cóng yǒu yī yú sī jiē wéi shèng dé shì zé rén jūn yǔ jiàn zhě jiāo
能从。有一于斯，皆为盛德。是则人君与谏者交
xiāng yì zhī dào yě
相益之道也。

táng jì sì shí wǔ
——《唐纪四十五》

chén jīn hái gǔ qú cuì mù shì hūn jìn chǐ yá wú jǐ shén shí
21 臣今骸骨癯瘁，目视昏近，齿牙无几，神识
shuāi hào mù qián suǒ wéi xuán zhǒng yí wàng chén zhī jīng lì jìn yú cǐ
衰耗，目前所为，旋踵遗忘。臣之精力，尽于此
shū fú wàng bì xià kuān qí wàng zuò zhī zhū chá qí yuàn zhōng zhī yì yǐ
书。伏望陛下宽其妄作之诛，察其愿忠之意，以

qīng xián zhī yàn shí cì xǐng lǎn jiàn qián shì zhī xīng shuāi kǎo dāng jīn zhī
清闲之宴，时赐省览，监前世之兴衰，考当今之

dé shī jiā shàn jīn è qǔ shì shě fēi zú yǐ mào jī gǔ zhī shèng dé
得失，嘉善矜恶，取是舍非，足以懋稽古之盛德，

jī wú qián zhī zhì zhì bǐ sì hǎi qún shēng xián méng qí fú zé chén suī
跻无前之至治，俾四海群生，咸蒙其福，则臣虽

wěi gǔ jiǔ quán zhì yuàn yǒng bì yǐ
委骨九泉，志愿永毕矣！

jìn shū biǎo
——《进书表》

家训经典

liǎo fán sì xùn

《了凡四训》（节选）

lì mìng zhī xué

立命之学

mìng yóu wǒ zuò, fú zì jǐ qiú.

1 命由我作，福自己求。

rén wèi néng wú xīn, zhōng wéi yīn yáng suǒ fù, ān dé wú shù? dàn wéi fán rén yǒu shù, jí shàn zhī rén, shù gù jū tā bú dìng, jí è zhī rén, shù yì jū tā bú dìng.

2 人未能无心，终为阴阳所缚，安得无数？但惟凡人有数，极善之人，数固拘他不定，极恶之人，数亦拘他不定。

jí mìng dāng róng xiǎn, cháng zuò luò mò xiǎng; jí shí dāng shùn lì, cháng zuò fú nì xiǎng; jí yǎn qián zú shí, cháng zuò pín jù xiǎng; jí rén xiāng ài jìng, cháng zuò kǒng jù xiǎng; jí jiā shì wàng zhòng, cháng zuò bēi xià xiǎng; jí xué wèn pō yōu, cháng zuò qiǎn lòu xiǎng.

3 即命当荣显，常作落寞想；即时当顺利，常作拂逆想；即眼前足食，常作贫窭想；即人相爱敬，常作恐惧想；即家世望重，常作卑下想；即学问颇优，常作浅陋想。

yuǎn sī yáng zǔ zōng zhī dé jìn sī gài fù mǔ zhī qiān shàng sī bào
4 远思扬祖宗之德，近思盖父母之愆；上思报
guó zhī ēn xià sī zào jiā zhī fú wài sī jì rén zhī jí nèi sī xián
国之恩，下思造家之福；外思济人之急，内思闲
jǐ zhī xié
己之邪。

wù yào rì rì zhī fēi rì rì gǎi guò yí rì bù zhī fēi jí yí
5 务要日日知非，日日改过；一日不知非，即一
rì ān yú zì shì yí rì wú guò kě gǎi jí yí rì wú bù kě jìn
日安于自是；一日无过可改，即一日无步可进。

gǎi guò zhī fǎ
改过之法

dà dōu jí xiōng zhī zhào méng hū xīn ér dòng hū sì tǐ qí guò yú
6 大都吉凶之兆，萌乎心而动乎四体，其过于
hòu zhě cháng huò fú guò yú bó zhě cháng jìn huò sú yǎn duō yì wèi yǒu
厚者常获福，过于薄者常近祸，俗眼多翳，谓有
wèi dìng ér bù kě cè zhě zhì chéng hé tiān fú zhī jiāng zhì guān qí shàn
未定而不可测者。至诚合天，福之将至，观其善
ér bì xiān zhī zhī yǐ huò zhī jiāng zhì guān qí bú shàn ér bì xiān zhī zhī
而必先知之矣。祸之将至，观其不善而必先知之
yǐ jīn yù huò fú ér yuǎn huò wèi lùn xíng shàn xiān xū gǎi guò
矣。今欲获福而远祸，未论行善，先须改过。

dàn gǎi guò zhě dì yī yào fā chǐ xīn sī gǔ zhī shèng xián
7 但改过者，第一，要发耻心。思古之圣贤，
yǔ wǒ tóng wéi zhàng fū bǐ hé yǐ bǎi shì kě shī wǒ hé yǐ yì shēn wǎ
与我同为丈夫，彼何以百世可师？我何以一身瓦
liè dān rǎn chén qíng sī xíng bú yì wèi rén bù zhī ào rán wú
裂？耽染尘情，私行不义，谓人不知，傲然无
kuì jiāng rì lún yú qín shòu ér bú zì zhī yǐ shì zhī kě xiū kě chǐ
愧，将日沦于禽兽而不自知矣。世之可羞可耻

zhě mò dà hū cǐ
者，莫大乎此。

dì èr yào fā wèi xīn tiān dì zài shàng guǐ shén nán qī wú
8 第二，要发畏心。天地在上，鬼神难欺，吾
suī guò zài yǐn wēi ér tiān dì guǐ shén shí jiàn lín zhī zhòng zé jiàng zhī
虽过在隐微，而天地鬼神，实鉴临之，重则降之
bǎi yāng qīng zé sǔn qí xiàn fú wú hé kě yǐ bú jù bù wéi shì
百殃，轻则损其现福，吾何可以不惧？不惟是
yě xián jū zhī dì zhǐ shì zhāo rán wú suī yǎn zhī shèn mì wén zhī
也。闲居之地，指视昭然。吾虽掩之甚密，文之
shèn qiǎo ér fèi gān zǎo lù zhōng nán zì qī bèi rén qù pò bù zhí
甚巧，而肺肝早露，终难自欺。被人觑破，不值
yì wén yǐ wū dé bù lǐn lǐn
一文矣，乌得不懔懔？

yì xī shàng cún mí tiān zhī è yóu kě huǐ gǎi gǔ rén yǒu yì
9 一息尚存，弥天之恶，犹可悔改。古人有一
shēng zuò è lín sǐ huǐ wù fā yí shàn niàn suì dé shàn zhōng zhě wèi
生作恶，临死悔悟，发一善念，遂得善终者。谓
yí niàn měng lì zú yǐ dí bǎi nián zhī è yě pì rú qiān nián yōu gǔ
一念猛厉，足以涤百年之恶也。譬如千年幽谷，
yì dēng cái zhào zé qiān nián zhī àn jù chú gù guò bú lùn jiǔ jìn wéi
一灯才照，则千年之暗俱除。故过不论久近，惟
yǐ gǎi wéi guì
以改为贵。

dì sān xū fā yǒng xīn rén bù gǎi guò duō shì yīn xún tuì
10 第三，须发勇心。人不改过，多是因循退
suō wú xū fèn rán zhèn zuò bú yòng chí yí bù fán děng dài xiǎo zhě
缩。吾须奋然振作，不用迟疑，不烦等待。小者
rú máng cì zài ròu sù yǔ jué tī dà zhě rú dú shé niè zhǐ sù
如芒刺在肉，速与抉剔；大者如毒蛇啮指，速

yǔ zhǎn chú wú sī háo níng zhì cǐ fēng léi zhī suǒ yǐ wéi yì yě
与斩除，无丝毫凝滞。此风雷之所以为益也。

rán rén zhī guò yǒu cóng shì shàng gǎi zhě yǒu cóng lǐ shàng gǎi zhě
11 然人之过，有从事上改者，有从理上改者，
yǒu cóng xīn shàng gǎi zhě gōng fū bù tóng xiào yàn yì yì
有从心上改者；工夫不同，效验亦异。

guò yǒu qiān duān wéi xīn suǒ zào wú xīn bú dòng guò ān
12 过有千端，惟心所造，吾心不动，过安
cóng shēng
从生？

dà dǐ zuì shàng zhì xīn dāng xià qīng jìng cái dòng jí jué jué zhī
13 大抵最上治心，当下清净；才动即觉，觉之
jí wú gǒu wèi néng rán xū míng lǐ yǐ qiǎn zhī yòu wèi néng rán xū
即无；苟未能然，须明理以遣之；又未能然，须
suí shì yǐ jìn zhī yǐ shàng shì ér jiān xíng xià gōng wèi wéi shī cè
随事以禁之。以上事而兼行下功，未为失策；
zhí xià ér mèi shàng zé zhuō yǐ
执下而昧上，则拙矣。

jī shàn zhī fāng
积善之方

ruò fù jīng ér yán zhī zé shàn yǒu zhēn yǒu jiǎ yǒu duān yǒu
14 若复精而言之，则善有真、有假；有端、有
qū yǒu yīn yǒu yáng yǒu shì yǒu fēi yǒu piān yǒu zhèng yǒu
曲；有阴、有阳；有是、有非；有偏、有正；有
bàn yǒu mǎn yǒu dà yǒu xiǎo yǒu nán yǒu yì jiē dāng shēn
半、有满；有大、有小；有难、有易；皆当深
biàn wéi shàn ér bù qióng lǐ zé zì wèi xíng chí qǐ zhī zào niè
辨。为善而不穷理，则自谓行持，岂知造孽，
wǎng fèi kǔ xīn wú yì yě
枉费苦心，无益也。

15 有益于人，是善；有益于己，是恶。有益于人，则殴人、詈人皆善也；有益于己，则敬人、礼人皆恶也。是故人之行善，利人者公，公则为真；利己者私，私则为假。又根心者真，袭迹者假。又无为而为者真，有为而为者假。皆当自考。

16 凡为善而人知之，则为阳善；为善而人不知，则为阴德。阴德，天报之；阳善，享世名。

17 乃知人之为善，不论现行而论流弊，不论一时而论久远，不论一身而论天下。现行虽善，其流足以害人，则似善而实非也；现行虽不善，而其流足以济人，则非善而实是也。

18 志在天下国家，则善虽少而大；苟在一身，虽多亦小。

19 随缘济众，其类至繁，约言其纲，大约有十：第一，与人为善；第二，爱敬存心；第三，

chéng rén zhī měi dì sì quàn rén wéi shàn dì wǔ jiù rén wēi jí
成人之美；第四，劝人为善；第五，救人危急；
dì liù xīng jiàn dà lì dì qī shě cái zuò fú dì bā hù chí
第六，兴建大利；第七，舍财作福；第八，护持
zhèng fǎ dì jiǔ jìng zhòng zūn zhǎng dì shí ài xī wù mìng
正法；第九，敬重尊长；第十，爱惜物命。

qiān dé zhī xiào
谦德之效

yì yuē tiān dào kuī yíng ér yì qiān dì dào biàn yíng ér
20 《易》曰：“天道亏盈而益谦，地道变盈而
liú qiān guǐ shén hài yíng ér fú qiān rén dào wù yíng ér hào qiān shì
流谦，鬼神害盈而福谦，人道恶盈而好谦。”是
gù qiān zhī yí guà liù yáo jiē jí
故谦之一卦，六爻皆吉。

zào mìng zhě tiān lì mìng zhě wǒ lì xíng shàn shì guǎng jī yīn
21 造命者天，立命者我。力行善事，广积阴
dé hé fú bù kě qiú zāi
德，何福不可求哉？

bǐ qì yíng zhě bì fēi yuǎn qì zòng fā yì wú shòu yòng shāo yǒu
22 彼气盈者，必非远器，纵发亦无受用。稍有
shí jiàn zhī shì bì bù rěn zì xiá qí liàng ér zì jù qí fú yě
识见之士，必不忍自狭其量，而自拒其福也。
kuàng qiān zé shòu jiào yǒu dì ér qǔ shàn wú qióng yóu xiū yè zhě suǒ bì
况谦则受教有地，而取善无穷，尤修业者所必
bù kě shǎo zhě yě
不可少者也。

rén zhī yǒu zhì rú shù zhī yǒu gēn lì dìng cǐ zhì xū niàn niàn
23 人之有志，如树之有根，立定此志，须念念
qiān xū chén chén fāng biàn zì rán gǎn dòng tiān dì ér zào fú yóu wǒ
谦虚，尘尘方便，自然感动天地，而造福由我。